D1748540

DÖRLEMANN

Marina Rumjanzewa

Schwiizerdütsch

Expedition in eine
unbekannte Sprache

DÖRLEMANN

Dieses Buch ist auch als Dörlemann eBook erhältlich.
eBook ISBN 978-3-03820-886-0

Alle Rechte vorbehalten
© 2024 Dörlemann Verlag AG, Zürich
Umschlaggestaltung: Mike Bierwolf
Satz: Dörlemann Satz, Lemförde
Druck und Bindung: Friedrich Pustet, Regensburg
ISBN 978-3-03820-147-2
www.doerlemann.ch

INHALT

Vorgeschichte 7

1. Ein falscher Dialekt 13
2. Linguistischer Thriller 24
3. »fingered speech« 37
4. Ohne Regelkorsett 51
5. Bürgerkrieg und Dialektsalat 61
6. »mehr als bloszer dialect« 72
7. »Rat für deutschen Rechtschreibung« 80
8. Sprachliches Gnusch 90
9. »Ich kann nicht höher« 104
10. Eine »primitive« Sprache 120
11. »Keine grosse Hexerei« 125
12. Sprache vs. Dialekt 134
13. Wi snackt platt 137
14. Wieso caresch du nöd? 150
15. Was kommt noch alles? 164

Glossar 171

VORGESCHICHTE

Ich komme aus einem Land, in dem es so gut wie keine lebendigen Dialekte gibt. So hatte ich als fünfzehnjährige Moskauerin nur eine sehr vage Vorstellung davon, was ein Dialekt überhaupt ist. Während der Ferien in Südrussland hörte ich, wie die Einheimischen unter sich ein paar unverständliche Wörter gebrauchten und das ›G‹ anders als wir aussprachen – das, dachte ich, sei ein Dialekt.

Und dann machte ich ein Sprachpraktikum. Ich war an einer sogenannten Schule »mit erweitertem Deutschunterricht«, wo wir jeden Tag Deutsch hatten, und in den Sommerferien nach der achten Klasse hat man uns an die Linguistische Uni geschickt. Wir mussten Bänder vom deutschen Tonarchiv anhören – mit authentischen, von Muttersprachlern gesprochenen Aufnahmen, was in der Sowjetunion eine seltene und kostbare Möglichkeit war.

Als wir am ersten Tag ankamen, war schon alles im Sprachlabor vorbereitet: Jedem war eine Kabine zugewiesen, die mit vielen Spulenbändern in Kartonhüllen verstellt war – das war das Pensum für die ganze Praktikumszeit. Auf der ersten Schachtel, die ich in die Hände nahm, stand geschrieben: »Schweiz, St. Gallen-Dialekt«. Ich versuchte, mir etwas darunter vorzustellen – ein Dialekt von einem heiligen Gallen? ... Was mochte das wohl sein? Unten wurden die Aufnahmen in einer Liste aufgeführt, es waren irgendwelche Dialoge – in der Bäckerei, am Postschalter, so etwas in der Art.

Ich war schon genug verwirrt, doch als ich das Band anzuhören begann, war die Verstörung komplett. Ich konnte damals schon recht gut Deutsch wegen der Schule, ich bekam auch Privatunterricht – doch von dem, was ich auf dem Band hörte, verstand ich nicht nur kein einziges Wort, es konnte für meine Begriffe unmöglich die deutsche Sprache sein.

Ich stoppte das Band, schaute die anderen Schachteln durch und in allen, ausnahmslos allen, waren Bänder mit Schweizer Dialekten – Aargau, Appenzell, alles Namen, die ich vorher nie gehört hatte, und wenn ich in die Bänder reinhörte, klang es überall nach Abrakadabra-Einerlei ... Waren das jetzt *Dialekte*? Sollte ich mir *das* jetzt die ganze Zeit anhören? Sollte das mein Sprachpraktikum sein?

Ich ging zu den Assistenten und bat sie, mir

andere Bänder zu geben. Das war ihnen zu kompliziert, sie hatten schon alle Pensen »regalweise« verteilt, ich solle, schlugen sie mir vor, die Bänder selber mit meinen Mitschülern tauschen. Das versuchte ich auch und konnte so einen Teil der Bänder wirklich loswerden, bekam im Tausch dafür eine Erzählung von Heinrich Böll, etwas zur Geschichte von Dresden, ein paar andere Aufnahmen dazu, doch auf den meisten Bändern mit Schweizer Dialekten blieb ich sitzen und, nachdem ich mit den »deutschen« Aufnahmen fertig war, nahm ich sie in Angriff.

Morgens lief es noch gut, nach einer Zeit begann ich dann, einzelne Wörter zu erkennen, manchmal den Sinn der Sätze zu erahnen, es wurde sogar spannend, nur war das dermassen anstrengend, dass ich irgendwann das Anhören immer abbrechen musste, weil mein Kopf zu dröhnen begann und alles nur noch nach einem Wortbrei klang. Danach sass ich bis zum Mittag, bis wir alle nach Hause gehen durften, einfach in meiner Kabine und wartete, mit benebeltem Kopf, miserabel gelaunt, während meine Mitschüler all die tollen Aufnahmen abhörten, ihr Deutsch-Verständnis erweiterten, die richtige Aussprache übten, und ich litt hier für etwas völlig Unnötiges – so viel verlorene Zeit ... Wenn ich damals gewusst hätte, was für ein Zeichen mir das Schicksal gab, wie es regelrecht mit dem Zeigefinger auf etwas deutete, was später einmal zu einem grossen Thema in meinem Leben werden sollte – Schweizerdeutsch.

Doch vorher absolvierte ich die Schule und dann das Germanistik- und Linguistikstudium an der gleichen Uni, an der ich im Sprachpraktikum gewesen war. Danach unterrichtete ich ein Jahr an einer anderen Uni und dann wurde ich Journalistin. Ich schrieb zu Kulturthemen für Moskauer Zeitungen und Zeitschriften, drehte fürs Fernsehen Beiträge und Filme und hatte mit der deutschen Sprache nicht viel zu tun.

Bis ich 1990 mit 32 Jahren einen Schweizer heiratete und nach Zürich umzog. Und da geriet ich gleichzeitig an zwei Sprachfronten: Im Beruf wechselte ich zu Deutsch, und im Privatleben war ich mit Schweizerdeutsch konfrontiert. Konfrontiert ist milde gesagt, es war ein Aufprall auf eine Sprache, die ich nicht verstand, die ich aber ab sofort existenziell fürs Leben brauchte. Die Mundart verstehen zu lernen, war nur das eine, das andere war, die Mundart zu begreifen – ihre Rolle im Zusammenspiel mit Hochdeutsch, ihren Stellenwert bei den Menschen, all die Inhalte und Emotionen, mit denen sie beladen war, etc., etc. Es dauerte ein paar Jahre, bis ich mit all dem zurechtkam.

Doch das alles war nur die Vorgeschichte zu meiner Geschichte mit dem Schweizerdeutschen. Richtig angefangen hat sie Anfang der 2000er Jahre, als sich die Gebrauchsart der Mundart plötzlich zu ändern begann. Und zwar so radikal, dass es mir vor Staunen den Atem verschlug: Wieso kam das jetzt? Was steckte dahinter? Wohin konnte es führen? Ich begann zu ermitteln – sprach mit Linguisten, verfolgte Publikationen, recherchierte selbst. 2012 machte ich meinen ersten Beitrag zum Thema Schweizerdeutsch fürs Schweizer Fernsehen, schrieb bald darauf einen Artikel für die *Neue Zürcher Zeitung* und wurde danach sogar – hätte ich das je gedacht? – ein paar Mal zu Podiumsgesprächen eingeladen.

Damit war aber meine Auseinandersetzung mit dem Thema keineswegs beendet, denn die angefangenen Änderungen sind immer noch in vollem Gange und ich verfolge sie weiterhin. Einiges ist passiert inzwischen, vieles ist klar geworden, doch viele Fragen bleiben immer noch offen, auch die Frage, die mich persönlich am meisten interessiert: Wohin kann das Ganze führen? Wie mag wohl die Sprachsituation in der Deutschschweiz in der Zukunft sein?

1
Ein falscher Dialekt

Sicher hätte mich das Ganze nie so gepackt, hätte ich zum Zeitpunkt, als sich die ersten radikalen Neuerungen zeigten, nicht bereits bestimmte Sachen gewusst. Einerseits war mir schon aus eigener Erfahrung klar, wie Schweizerdeutsch im realen Leben funktionierte, und andererseits wusste ich noch von meinem Studium, was ein Dialekt als solcher, aus der Sicht der Linguistik, ist.

Und ein Dialekt ist nicht das, was ich von Russland her kannte, wenn Menschen in verschiedenen Landesteilen ein paar Laute eigen aussprechen, ein paar eigene Wörter gebrauchen – so etwas wird »dialektale Färbung« genannt. Ein richtiger Dialekt ist meist in allem eigen – in der Aussprache, in der Grammatik, im Wortschatz. Von der Materie her ist er eigentlich eine selbständige Sprache, nur hat er einige Besonderheiten in der Verwendungsart.

Erstens werden Dialekte nur gesprochen, schreiben tut man in der Standardsprache – ein Grundmerkmal der Dialekte weltweit ist ihre Mündlichkeit. Genau genommen sind »mündliche« Dialekte »gelegentlich schriftlich«, das heisst: Manche Menschen schreiben ab und zu etwas in Mundart – meist kurze Sachen – natürlich jeder auf seine eigene Art, denn Rechtschreiberegeln wie in einer Standardsprache gibt es für Dialekte nicht. Manchmal gibt es in den Mundartregionen Dialektliteratur, doch das ist in der Regel etwas für relativ wenige Fans. Die meisten Menschen, die Dialekt sprechen, können ihn – vor allem in längeren Texten – nur schwer lesen, da sie unter anderem im Mundartlesen nicht geübt sind.

Zweitens, habe ich im Studium gelernt, besteht eine weitere Besonderheit der Dialekte darin, dass sie vorwiegend im Alltag und in informellen Situationen gesprochen werden: Im offiziellen Rahmen, in der Kultur, in den Medien, in der Ausbildung etc., spricht man die Standardsprache. So herrscht in Mundartgebieten die sogenannte *Diglossie*, eine Form des gesellschaftlichen Bilinguismus, der Zweisprachigkeit, in der eine ganze Gesellschaft lebt. Dabei haben beide Sprachen unterschiedliche Funktionen, werden in unterschiedlichen Kontexten benutzt und haben dadurch einen unterschiedlichen Status. In der

Linguistik werden sie traditionell als *low* und *high* bezeichnet, bezogen auf die Verwendungsbereiche: Dialekte werden mündlich im Alltag gebraucht – in der Standardsprache schreibt man alles und spricht in öffentlich-offiziellen Bereichen.

Eine weitere Besonderheit der Dialekte ist, dass nicht die ganze Bevölkerung eines Landes sie spricht. Ihr Gebrauch begrenzt sich tendenziell auf ländliche Gebiete und auf weniger gebildete Bevölkerungsgruppen. Doch da gibt es, wurde mir an der Uni beigebracht, einige Ausnahmen, dazu gehört im deutschsprachigen Raum die Deutschschweiz – dort sprechen alle Bevölkerungsgruppen im Alltag Mundart. Warum das so ist, wurde in meinem kurzen und recht allgemein gehaltenen Dialektologiekurs nicht näher erklärt, ich fragte auch nicht, so sehr interessierte es mich damals nicht.

Und nun kam ich 1990 in die Deutschschweiz und fand hier die Sprachsituation so vor, wie es mir an der Uni in Moskau beigebracht worden war: Es herrschte jene »funktional-differenzierte Diglossie«, wenn sie auch nicht in allem gerade typisch war. So sprachen hier in der Tat alle Menschen unter sich Mundart. Und obwohl ich das theoretisch wusste, war es ein Schlag für mich. Denn ganz konkret bedeutete das, dass ich nichts von dem verstand, was man um mich herum redete.

Es war ganz anders als in Deutschland, wo ich zuvor schon gewesen war. Ich war dort nur in Grossstädten unterwegs und hatte nicht einmal jemanden getroffen, der einen Dialekt sprach. Manchmal hörte ich auf der Strasse jemanden dialektal gefärbt sprechen, doch das konnte ich problemlos verstehen, denn *Dialektalfärbungen* sind allgemein gut verständlich für jemanden, der die Standardsprache beherrscht.

Doch in der Schweiz sprachen alle und überall einen richtigen Dialekt – Bauern wie Professoren, Menschen in einer Bäckerei wie auch Journalisten in einer Zeitungsredaktion. Natürlich wechselte jeder auf Hochdeutsch, wenn man merkte, dass ich Schweizerdeutsch nicht verstand. Mein Mann sowie meine neuen Freunde und Bekannten sprachen mit mir ohnehin nur Hochdeutsch. Doch das änderte nichts daran, dass sich das ganze Leben um mich herum in Mundart abspielte, und das betraf nicht nur praktisch-alltägliche Dinge, sondern zu meiner Überraschung auch alles, was zwischen Menschen privat ablief. Als ich das realisierte, bekam Schweizerdeutsch eine völlig neue Bedeutung für mich.

Als ich mich entschieden hatte, in die Schweiz zu ziehen, hatte ich nämlich gedacht, ich werde hier keine Sprachprobleme haben, mein Deutsch würde mir reichen, Mundart sei sowieso etwas Zweitrangiges, so eine Art »Nebensprache« für die praktischen Sachen des Alltags. Dabei deckte sie, wie ich nun feststellte, auch einen für jede Sprache superwichtigen Bereich ab: die private, zwischenmenschliche Kommunikation. Eigentlich hätte ich mir das schon früher denken können, doch, wenn man so etwas wie eine Diglossie nur theoretisch als abstraktes Modell und nicht aus eigener Erfahrung kennt, kann man sich sehr schlecht vorstellen, was sie für das reale Leben bedeuten kann. Im Laufe der Jahre habe ich noch viel mehr herausgefunden, damals, gerade nach meiner Ankunft, begriff ich erst einmal das Wichtigste: Mundart ist in der Deutschschweiz die »Hauptsprache«, allein mit Hochdeutsch werde ich nie richtig am Leben teilhaben können und für die Menschen immer eine Fremde bleiben. Das wollte ich auf keinen Fall.

Es hiess also, Mundart möglichst schnell wenigstens verstehen zu lernen. Von einer Hamburgerin, die schon lange in der Schweiz lebte, hörte ich aber, dass sie etwa zwei Jahre gebraucht hatte, bis sie definitiv alles verstand. Das war mir zu lang, aber so, wie es aussah, sollte es bei mir auch nicht viel anders werden. Denn alle meine Bekannten wechselten in meiner Anwesenheit konsequent ins Hochdeutsche. Das machte man natürlich aus Rücksicht mir gegenüber, doch diese Rücksicht, wie sehr ich sie auch schätzte, musste ich abblocken, wollte ich das Lernen von Schweizerdeutsch beschleunigen. Deshalb begann ich allen zu sagen, dass ich wegen meines Studiums Mundart schon ziemlich gut verstehen würde. Das stimmte nicht, aber der Trick funktionierte: In meiner Anwesenheit begannen die Menschen wenigstens unter sich Mundart zu sprechen, und das war der Durchbruch – ab da ging es voran.

Natürlich nicht sofort. Anfangs ging es mir nicht viel anders als damals bei meinem Sprachpraktikum in Moskau: Ich sass unter Menschen irgendwo bei einem Essen oder Glas Wein, und alle um mich herum redeten nonstop über Gott und die Welt, und ich strengte mich nach allen Kräften an und versuchte, etwas zu verstehen, und nach ein paar Stunden begann mein Kopf zu dröhnen, alle Wörter verschmolzen zu einer Sauce, oft bekam ich Kopfschmerzen, gegen Ende eines langen Abends mit vielen Menschen wurde mir fast »trümmlig«. Doch ich erreichte, was ich wollte: Nach einigen Monaten konnte ich mindestens im Grossen und Ganzen verstehen, was man um mich herum redete. Sicher half mir auch, dass ich gewisse grammatikalische und phonetische Gesetzmässigkeiten recht schnell erkannte, da nützte mir mein Studium in der Tat.

Am Anfang meiner Lernattacke holte ich mir noch aus der Bibliothek einen Mundart-Lernkurs. Dabei waren eine Kassette und eine Broschüre mit der Grammatik und mit Beispielen in geschriebener Mundart. Das war das erste Mal, dass ich Schweizerdeutsch als Schriftbild in der graphischen Darstellung sah, und diese irritierte mich dermassen, dass es mehr störte als half. Ich legte die Broschüre zur Seite und konzentrierte mich auf die Kassette, auf der es unter anderem Mani Matters *Ds Lied vo de Bahnhöf* gab. Ich mochte das Lied sofort und studierte es von A bis Z. Das war mein erstes Erfolgserlebnis: Endlich verstand ich von Anfang bis Ende etwas Längeres und Zusammenhängendes in Mundart. Ich versuchte sogar, Schweizerdeutsch auf die Zunge zu kriegen – wiederholte Zeilen, feilte an der Aussprache, lernte fast das ganze Lied auswendig. Das machte ich nach Gehör und musste immer wieder meinen Mann nach der Bedeutung der Wörter fragen. Als er merkte, dass ich mit Mani Matter Mundart »übte«, sagte er als Erstes: »Das ist aber Berndeutsch.«

Das war der falsche Dialekt! Genauer, er war fehl am Platz. Wir lebten eben in Zürich und mein Mann sprach Baseldeutsch. Das war mein nächstes Problem – verschiedene Dialekte, die ich voneinander schlicht nicht unterscheiden konnte. Ich fand es frappierend, wie meine Schweizer Freunde jeden nach der Sprache »lokalisieren« konnten. Wenn man sich etwa an den Namen eines Menschen nicht erinnerte, sagte man: »Weisst du, der grosse Blonde, der Walliser?« – und alle wussten sofort, wer gemeint war.

Doch solche Zuordnungen stiessen bei mir auf taube Ohren. Ich kannte damals das Land noch schlecht und verschiedene Orte, geschweige denn die damit verbundenen »Lebenswelten« und die verschiedenen Dialekte konnte ich mit nichts assoziieren. Ich hörte nur *füf* oder *fiif* oder *feuf,* doch es waren für mich einfach Varianten der gleichen Sprache – vom Schweizerdeutschen. Auf die »Lokalisierung« als solche war ich ohnehin nicht eingestellt – das kannte ich von meiner Muttersprache her nicht.

Russisch ist stark soziokulturell gespalten, die regionalen Färbungen sind aber sehr schwach (aus verschiedenen historischen Gründen, die Hyperzentralisierung des Staates seit dem 16. Jahrhundert ist einer davon). Und so, wenn ich Russen sprechen höre, erfahre ich aufgrund ihrer Sprache sehr viel über sie, aber ich kann, ausser, wenn sie gerade das ›G‹ speziell aussprechen, nie erraten, woher jemand kommt. Dass ich das auch in der Schweiz nicht erraten konnte, störte mich überhaupt nicht. Zwar nahm ich mir später einmal vor, Dialekte unterscheiden zu können, dies aber allein aus Interesse, es gab für mich keine reale Notwendigkeit dafür. Doch so ein abstraktes Wollen ohne Bedarf half nicht. Das Gehirn arbeitet ja bei der Sprache sehr viel im Unbewussten – ordnet Sachen ein, legt sie in den richtigen »Schubladen« ab, sortiert nach der Wichtigkeit – mein Gehirn stufte offenbar die Dialektzuordnung von Anfang an als eine überflüssige, irrelevante Aufgabe ein.

Sogar heute, nach 30 Jahren in der Schweiz, nachdem ich hier schon mehr oder weniger überall gewesen bin, nachdem ich fürs Schweizer Fernsehen quer durch Städte und Dörfer gereist bin und über hundert Interviews gedreht habe, bei denen Menschen in Mundart sprachen, kann ich Dialekte nicht zuordnen, ausser dem Berndeutschen. Sicher hat es einige sehr markante Merkmale, doch ich vermute, das verdanke ich nicht zuletzt dem *Lied vo de Bahnhöf*.

Was ich auch nicht kann: Ich spreche selber nicht Mundart. Anfangs dachte ich, es käme mit der Zeit von allein, ich habe auch die ersten kleinen Schritte gemacht – mal ein Wort gesagt, mal einen halben Satz. Doch dann stockte ich wieder. Erstens: Selber Schweizerdeutsch zu sprechen, erwies sich als nicht existenziell. Ab einem gewissen Moment lief die Kommunikation mit Menschen problemlos: Ich verstand alle in Mundart, alle verstanden mich auf Hochdeutsch. Zweitens schrieb ich bereits für die Medien auf Deutsch. Und dort für mich einen neuen sprachlichen Ausdruck zu finden und mich gleichzeitig in Mundart ausdrücken zu lernen, das war zu viel aufs Mal, das schaffte ich nicht.

Zudem kam bald meine Tochter zur Welt und mein Sprachmanagement wurde noch komplizierter. Mit ihr sprach ich Russisch, ich hätte es überhaupt nicht anders gekonnt und ich wollte auch, dass sie meine Muttersprache lernt. Ausserdem »durfte« ich mit ihr gar nicht Schweizerdeutsch sprechen. Denn, will man einem mehrsprachig aufwachsenden Kind das Sprachenlernen nicht erschweren, sollte eine

Person bekanntlich die Sprachen lieber nicht vermischen, und vor allem sollte man keinesfalls eine Sprache sprechen, die man selber nicht fehlerfrei beherrscht. Damit starb mein Mundartsprechen definitiv.

Und so läuft heute meine Kommunikation mit Deutschschweizern sozusagen zweisprachig: Die meisten Menschen sprechen mit mir Mundart, ich spreche Hochdeutsch. Natürlich verwende ich öfters Mundartwörter und -ausdrücke, doch nicht übertrieben viele. Es sind vielleicht ein paar Dutzend: *weisch wie!*, *öbbedie*, *ume*, *nei!*, *Gopferdeli!* oder *s'isch mer niene rächt*.

2
Linguistischer Thriller

Die ersten paar Jahre in der Schweiz war ich nun sehr intensiv mit dem Schweizerdeutschen beschäftigt. Nicht nur mit dem Verstehen-Lernen, ich versuchte auch zu begreifen, wie die Diglossie, dieser gesellschaftliche Bilinguismus, überhaupt funktionierte. Denn aus eigener Erfahrung kannte ich als eine »Monolingua« nur das Modell »alles in einem Paket«: In meiner Muttersprache sprach ich als Kind mit meinen Eltern, lernte dann in der Schule, führte Selbstgespräche, schrieb und las alles, fluchte, hielt Vorträge, unterhielt mich mit Freunden ... Und das alles war bei den Deutschschweizern auf zwei Sprachen verteilt. Bei Diglossien, habe ich mal gelernt, werden die Sprachen in verschiedenen Kontexten verwendet, sie funktionieren auf Ergänzungsbasis, doch, wie ging das konkret? Wie lebten die Menschen mit dieser sprachlichen Zweispurigkeit im Kopf? Wie schaffte man zum Beispiel den Spagat, bei dem man in einer Sprache redet und in einer anderen schreibt?

Wie war es, wenn man mit der Mutter oder einem Kollegen immer Schweizerdeutsch sprach, aber in einem Brief an sie auf Hochdeutsch wechselte? Waren die beiden Sprachen Muttersprachen? Was bedeutete es fürs Hochdeutsche, dass man es im Privaten unter sich nicht spricht? Sehr viele ähnliche Fragen hatte ich damals, mit welchen ich meine Bekannten quälte. Und immer wieder verwandelte sich ein Abendessen in eine sprachwissenschaftliche Diskussion, bei der meine Schweizer Freunde mich leidenschaftlich aufklärten, sich dabei oft nicht einig waren und zu streiten begannen – dann wurde es immer sehr emotional.

Irgendwann habe ich dann endlich alles, was ich fürs Leben in puncto Sprachen brauchte, im Grossen und Ganzen auf die Reihe gekriegt. Mit den grossen Diskussionen war es vorbei, das Thema Schweizerdeutsch trat für mich in den Hintergrund. Ich lebte mich gut ein, widmete mich meiner kleinen Tochter, arbeitete, so viel es ging, schrieb weiterhin auf Deutsch für Printmedien, begann mit Kulturbeiträgen fürs Schweizer Fernsehen und 3sat. So verging eine Zeit, bis Schweizerdeutsch Anfang der 2000er Jahre wieder in meinen Fokus geriet.

Dazwischen war aber etwas passiert: Computer und Handys kamen auf, unser Leben begann sich zu

»digitalisieren«. Heute haben wir schon fast vergessen, wie revolutionär das war und wie stark es unser Leben veränderte: Internet, Mails, immer und von überall telefonieren können – es war sehr viel Neues auf einmal. Und da waren auch zwei völlig neue Kommunikationsformen, die es vorher nicht gegeben hatte: Chats und SMS. Dass diese für alle Sprachen Konsequenzen haben könnten, hatte damals niemand gedacht. Doch die Folgen waren, wie man heute versteht, unvermeidlich, und sie zeigten sich auch schnell. Überall waren sie ähnlich, in der Deutschschweiz kam noch eine besondere dazu. Zum ersten Mal wurde ich damit durch meine Tochter konfrontiert.

Meine Tochter Mascha kam 1993 zur Welt und wuchs in Zürich dreisprachig auf: mit Mundart, Russisch und Hochdeutsch. Ansonsten war sie ein gewöhnliches Schweizer Kind und sie gehörte zu der ersten Generation, bei der Handys und Computer zum Alltag wurden. Mit ihren zehn Jahren war sie sogar unter den Jüngsten in dieser Generation, so wie auch andere Kinder in meinem Bekanntenkreis, die an den Tagesschulen waren und Handys bekamen, weil sie täglich allein in der Stadt unterwegs waren – wir Eltern waren froh um eine telefonische Verbindung zu ihnen. Auch die Kinder waren froh, obwohl sie nicht so sehr mit uns telefonierten, sondern viel mehr untereinander, und noch mehr SMS schrieben. Ausserdem hatten sie alle zu Hause schon Zugang zu Computern und begannen, aktiv auf Plattformen zu chatten.

Gegenüber den neuen Medien, insbesondere was Kinder betraf, hatten damals viele gewisse Bedenken, wer sich vielleicht noch daran erinnern kann. Informationen tauchten auf, Computer würden zu viel strahlen, das zurückgehende Von-Hand-Schreiben beeinträchtige die Feinmotorik, das Tastatur-»Töggele« führe zu Bänderentzündungen in den Fingern, und die Chats schienen besonders gefährlich zu sein: Wer wusste schon, wer sich da, unter Nicknamen verborgen, herumtrieb. Uns Eltern gefiel auch dieses »immer connected sein« nicht, dieses ständige Simsen – auf der Strasse, beim Essen, beim Schulaufgabenmachen. Solche Sachen diskutierten wir Eltern viel untereinander und versuchten gemeinsam, das Handy-Computer-Kommunizieren der Kinder zu begrenzen. Das ging aber nicht – es war schlicht nicht kontrollierbar. Und wie konnten wir überhaupt etwas verbieten, wenn wir Erwachsene schon bald absolut das Gleiche machten. So akzeptierten wir das schliesslich auch bei unseren Kindern, besser gesagt:

Wir gaben den Kampf auf. Und zum Trost sagten wir uns: Okay, das Ganze hat wenigstens auch eine gute Seite. In SMS und Chats üben unsere Kinder freiwillig (!) das Schreiben, und das ist für die Schule gut.

Bis wir eines Tages herausfanden, wie unsere Kinder schrieben. Das war ein Schock: Abkürzungen, komische Zeichen, kaum Interpunktion, alles kleingeschrieben, und das Wichtigste: Die Kinder schrieben in Mundart ... Sie taten das nicht nur ab und zu, sondern untereinander immer, und das machten nicht nur unsere eigenen Kinder, sondern auch die Kinder der Bekannten und die Kinder der Bekannten von Bekannten. Von niemandem hörten wir, dass ihre Kinder unter sich in SMS oder Chats auf Hochdeutsch schrieben.

Im ersten Moment waren alle nur überrascht und erstaunt, und dann gab es unter den Eltern einen Aufschrei. Der erste Gedanke galt der Schule: Das fehlerhafte Schreiben auf Hochdeutsch schien vorprogrammiert zu sein – so viel auf Dialekt schreiben, ohne jegliche Regeln, »beliebig«, jeder auf seine eigene Art, und das, während die Kinder gerade erst die Schriftdeutsch-Regeln erlernten. Die meisten in unserer Eltern-Gemeinschaft, es waren meist Akademiker, fanden das Schreiben auf Mundart grundsätzlich ein »No-Go«. Die »AusländerInnen« unter uns verstanden nicht einmal, wie das Schreiben ohne Regeln ging. Auch die Schweizer Eltern sagten, sie könnten das nie in solchen Mengen und so schnell: Sie müssten bei jedem Wort überlegen, wie man es schreiben muss, und beim Lesen dann Wörter entziffern – das wäre zu mühsam, es ginge zu langsam. Und da kam bei mir zum ersten Mal die Frage auf: Wieso überhaupt schrieben unsere Kinder – plötzlich, aus dem Nichts – auf Mundart? Sie hatten bereits eine Schriftsprache – Hochdeutsch –, die sie bereits einige Jahre lang seit dem Schulanfang benutzten. Warum waren sie zu diesem Aufwand bereit, eine parallele Schriftsprache aufzubauen? Und sie konnten das nicht irgendwo abgeguckt haben – niemand in ihrer Umgebung machte das.

Ich weiss noch, wie ich das erste Mal mit meiner Tochter darüber sprach. So etwa verlief unser Dialog, auf Russisch, versteht sich:

»Warum schreibt ihr einander auf Mundart?«

»Warum nicht?«

»Auf Mundart schreibt man nicht.«

»Warum nicht?«

»Es ist zum Schreiben nicht gut geeignet, es gibt keine Regeln dafür.«

»Und wo ist das Problem?«

»Die Regeln sind ja eine Hilfe. Es muss doch schwierig sein, jedes Mal zu überlegen, wie du etwas schreiben musst.«

»Es ist überhaupt nicht schwierig – es ist viel leichter! Auf Deutsch muss ich immer überlegen, und so kann ich schreiben, wie ich will.«

Dann erklärte ich meiner Tochter lange, warum man grundsätzlich nie schreiben sollte, »wie man will«, und dass es schon eine Schriftsprache gibt, welche man jetzt richtig lernen müsse. Dazu könne Mundartschreiben aufs Schriftdeutsche abfärben und zu Fehlern führen, und fehlerhaft zu schreiben sei aus vielen verschiedenen Gründen sehr, sehr schlecht. Zum Schluss sagte ich, sie solle SMS immer auf Hochdeutsch schreiben, auch mit ihren Freunden. Da wehrte sich meine Tochter vehement: »Ja, und wie stellst du dir das vor? Alle schreiben auf Mundart und ich soll allein wie eine Bekloppte auf Deutsch schreiben?!«

Ähnliche Gespräche führten auch andere Eltern in meinem Bekanntenkreis mit ihren Kindern. Und das immer wieder – eine Zeit lang waren wir sehr bemüht, unsere Kinder vom Mundartschreiben wegzubringen. Ohne Erfolg. Im Gegenteil, wenn anfangs die Eltern nur ganz selten SMS auf Schweizerdeutsch bekommen hatten (deshalb hatten wir überhaupt das Ganze entdeckt), so wurden Mundart-SMS jetzt regelmässig. Alle Eltern schrieben natürlich auf Hochdeutsch zurück. Manche verboten sogar den Kindern, ihnen auf Mundart zu schreiben und einige haben es tatsächlich durchgesetzt, doch die meisten Kinder schrieben weiterhin unter sich und auch den Eltern auf Mundart.

Bald stiessen die jüngeren Kinder meiner Bekannten dazu – sobald sie ins Computer-Handy-Alter kamen, wiederholten sie das gleiche Muster: In der Schule schrieben sie in Hochdeutsch, unter sich und den Eltern in Mundart. Die Eltern der jüngeren Kinder nahmen dies viel gelassener – sie waren natürlich schon vorbereitet, sie wussten bereits von uns, dass das mit dem Mundartschreiben kommt. Auch in unserer Eltern-Gemeinschaft legte sich bald die Aufregung, man gewöhnte sich daran und viele sahen es nicht mehr so dramatisch. Die Schweizer Eltern sagten: Ja, auch sie hätten in diesem Alter und noch in der Jugend auf Mundart geschrieben, natürlich nicht annähernd so viel – mal Zettel im Unterricht, mal eine Karte aus den Ferien, mal eine Liebeserklärung, und dann sei das Mundartschreiben von allein weggegangen. Es wachse sich bei unseren Kindern wohl auch aus, später würden sie auch nur auf Schriftdeutsch schreiben – alle meine Bekannten waren fest davon überzeugt.

Ich persönlich wusste nicht recht, was ich denken sollte. Während meines Studiums hatte ich nie gehört, dass irgendwo unter Kindern ein Dialekt nicht gelegentlich, sondern konsequent, in grösseren kompakten Gruppen geschrieben wurde. Heute verstehe ich natürlich warum – weil es diese Art der Schriftlichkeit als solche vorher nie gegeben hat. Doch damals gab es noch keine publizierten linguistischen Studien zum Thema und so rätselte ich, so wie auch andere Eltern, warum das jetzt kam. Hatte es damit zu tun, dass unsere Kinder die deutschen Schreibregeln noch zu schlecht beherrschten? War es eine Art Jugendsprache? Eine Frage beschäftigte uns alle besonders: ob es durch das Mundartschreiben mehr Fehler im Deutschunterricht in der Schule gab.

Deshalb kontaktierte ich mehrere Deutschlehrer. Katastrophal viel mehr Fehler im Schriftdeutsch sahen sie nicht, vielleicht ein bisschen mehr. Doch auf die Waage gelegt, sagte mir ein Lehrer, finde er das nicht so schlimm. Viel mehr wiege für ihn, dass die Kinder in der Mundart wesentlich freier seien –

Schriftdeutsch sei für sie eine ziemliche Hürde, nicht nur wegen der Rechtschreibung. Sie beherrschten es allgemein noch nicht genug gut, denn Deutsch sei eigentlich eine Fremdsprache und werde ja erst jetzt in der Schule richtig gelernt. In Mundart schrieben Kinder schneller, hätten keine Hemmungen, entwickelten Lust am Schreiben, lernten, sich schriftlich auszudrücken, zu fabulieren – das nütze schliesslich auch dem Schreiben auf Hochdeutsch. Das alles leuchtete mir ein, und mir schien, ich verstand jetzt, was vor sich ging.

Doch bald verstand ich schon wieder nichts mehr. Denn nach einer Zeit begannen manche Eltern, den Kindern in SMS auf Mundart zu antworten. Und ausserdem wechselten, wie ich mitbekam, immer mehr Jugendliche, so zwischen 18 und 25 Jahren, die anfangs die ersten paar Jahre SMS auf Schriftdeutsch geschrieben hatten, zu Schweizerdeutsch – das Mundartschreiben breitete sich immer mehr aus. Auch über die Grenzen von kurzen Chats und SMS hinaus, was ich etwa 2007 entdeckte, als meine Tochter inzwischen schon ein Teenager war. Da war ich bei ihrer »Gotte« zu Besuch. Sie hat selber keine Kinder, ist Journalistin, Buchautorin und Deutschschweizerin. Als ich zu ihr kam, sagte sie, sie müsse mir etwas zeigen, und führte mich zu ihrem Computer, auf dem eine Mail geöffnet war: ein Brief von meiner Tochter, fast eine ganze Seite lang. »Ich darf dir das zeigen, weil du sowieso nichts verstehen wirst.« Die Mail war auf Mundart. »Weisst du, wie lange ich gebraucht habe, um das zu lesen! Sag mal, wie kommt Mascha überhaupt auf die Idee, in Mundart zu schreiben?! Und warum ausgerechnet mir?!«

In diesem Moment kamen bei mir sehr viele neue Fragen auf, die ganze Entwicklung der letzten Jahre und Einiges, was ich noch aus meinem Studium wusste, ging mir durch den Kopf. Als ich das alles zusammenführte, stieg in mir zum ersten Mal eine Vermutung auf: Könnte es sein, dass Schweizerdeutsch auf dem Weg zur Verschriftlichung war? Auf dem Weg, den schon viele einst mündliche Sprachen im Laufe der Geschichte immer wieder durchgemacht hatten? Dieser Gedanke schien mir damals unglaublich, richtig verrückt. Ab da wurde es für mich richtig spannend – ich begann zu recherchieren, die Entwicklung genau zu verfolgen, ich hatte Fragen über Fragen, das Ganze wurde zu einem linguistischen Thriller schlechthin: Was steckte hinter dem Mundartschreiben? Warum kam das? Wird es überhaupt überleben? Verschwindet es wieder?

Wenn nicht, was kommt als Nächstes? Und: Wenn es sich im gleichen Tempo weiter ausbreitet, wie wird wohl die Situation in zehn Jahren sein?

Wie es heute mit dem Mundartschreiben steht, wissen alle. Wenn man ins Internet schaut, so wimmelt es dort vom Schweizerdeutschen – in Social Media, in allerlei Posts, Kommentaren, in Blogs. Die Seite *Swissmeme (DIE GUETISTI SIITE)* hat auf Facebook mehr als 350 000 Follower, auf Instagram beinahe eine Million. Vereinzelte Mundartsätze oder -wörter trifft man inzwischen mehr oder weniger überall an. Eine Augenpraxis präsentiert sich auf ihrer Webseite als »Dini Augelaserprofis zmitzt in Züri«, bei einer Strassen-Kaffeebar heisst es »bitte vo links aastah«, bei einem Restaurant »Bitte warte, mir platziered Dich«, in meinem Coop hängen über den Regalen Aufschriften wie »FRÜCHT UND GMÜES« oder »US LIEBI ZU DÄ NATUR«. Sogar beim Tiefbauamt der Stadt Zürich heisst das Projekt zur temporären Umnutzung der Quartierstrassen offiziell »Brings uf d'Strass!«. Und was SMS und Chats betrifft, so schreiben die junge und die mittlere Generation fast ausschliesslich auf Schweizerdeutsch, wie auch sehr viele von der älteren Generation. Auch Eltern in Eltern-Chats, auch Lehrer in Lehrer-Chats.

Ich persönlich bekam 2019 zum ersten Mal eine SMS auf Mundart. Und dann immer häufiger – mal ein Wort, mal ein Ausdruck. Und als die Pandemie begann, standen in den meisten beruflichen Mails am Schluss ein paar Worte oder Sätze auf Schweizerdeutsch. Da verstand ich: Jetzt komme ich um Schrift-Mundart nicht mehr herum, jetzt muss ich es mindestens verstehen lernen. Und das habe ich auch angefangen. Ganz ohne Stress, in kleinen Schritten, vorwiegend mithilfe von Aufschriften und Werbung, die ich in der Stadt antreffe – wenn ich heute aus dem Haus gehe, sehe ich immer was. *Feriä*, *Verreisä*, *Chillä*, *Paddlä*, *Gnüüssä* – wenn man in einer Tram fährt, die vom Boden bis zur Decke mit Mundart-Werbung tapeziert ist, lernt man was. Als ein sehr praktisches Lernmittel erwiesen sich die »Lock-Tafeln«, wie ich sie nenne, die vor den Läden und Cafés aufgestellt werden und auf die man immer wieder mit Kreide neue Informationen schreiben kann. So kann ich immer etwas Neues lernen: »Mir händ offä«; »Chum ine, sitz ane«; »Eusii huusgmachte 3-Ohre-Hase«; »AM WUCHENÄND LOKALI DJs«. Also, »i bi draa«. Auch wenn ich mit dieser Methode natürlich nicht übertrieben schnell vorankomme, versteht sich.

3
»fingered speech«

Nun, was meine damalige Frage zur »Situation in zehn Jahren« betrifft, die Antwort habe ich jetzt. Heute weiss ich auch einiges mehr zur Frage, was hinter der ganzen Entwicklung steckt. Es war für mich ein richtiges Puzzle und es dauerte einige Jahre, bis ich es lösen konnte – bis die Linguisten verschiedene Aspekte des digitalen Schreibens erforscht und dann auch bestimmte Sachen verstanden und formuliert hatten – Sprachforschung braucht immer längere Zeit, vor allem wenn es um neue, gerade entstehende Phänomene geht. Ich verfolgte übrigens linguistische Publikationen nicht nur in der Schweiz, sondern in verschiedenen Ländern, denn überall liefen identische Entwicklungen, und es war zum Teil ein globaler Prozess, der schliesslich zum heutigen Schreiben auf Schweizerdeutsch geführt hat.

Der eigentliche Auslöser dieses Prozesses war etwas, was weder mit der Deutschschweiz noch mit der Sprache als solcher zu tun hatte – es waren die neuen

Technologien, die technischen Möglichkeiten der SMS- und Chat-Messenger, die in der Übertragung von Textmitteilungen einfach sehr schnell sind. Das mag banal klingen, doch diese Schnelligkeit machte einen grossen Einschnitt in alle Schriftsprachen und liess eine neue Art des Schreibens entstehen, welche manche Linguisten sogar als eigene Sprachform betrachten. Der amerikanische Linguistik-Professor John McWhorter von der Columbia University nannte es »fingered speech«. Schlüsselwort ist hier »speech«, denn diese Form ist zwar schriftlich, doch in ihrem Wesen – konzeptionell – mündlich. »Schriftliche mündliche Sprache« nennen es andere Forscher.

Früher existierten nämlich unsere Sprachen nur in zwei Formen: in der mündlichen und der schriftlichen. Die mündliche Sprache ist spontan und momentan, man spricht *in der Realzeit* und meist in Dialogen, wenn es nicht gerade ein Vortrag oder etwas Ähnliches ist. Die Schriftsprache war dagegen immer monologisch, die schriftliche Kommunikation lief ja *zeitlich versetzt*, das heisst, alles Geschriebene, ob Brief, Roman oder Dokument, wurde später gelesen, als es geschrieben worden war. Gerade für diese zeitlich versetzte Kommunikation entwickelten

Menschen vor ein paar tausend Jahren die schriftliche Sprache. Seitdem blieb sie in ihrem Wesen gleich und sie unterschied sich stark von der Sprache, die man sprach.

In Dialogen reagiert man sofort, man spricht schnell und meist in kurzen Sequenzen von etwa sieben bis zehn Wörtern. Es sind oft nicht mal vollständige Sätze, man lässt viele Satzglieder aus, überhaupt alles, was aus dem Kontext bereits klar ist – man spricht *ökonomisch*, denn man muss schnell sein. (Man »muss«, weil wir auf ein bestimmtes Sprech- und Wahrnehmungstempo konditioniert sind.)

Geschrieben hat man dagegen immer viel langsamer, viel überlegter und umständlicher: in vollen, klar strukturierten Sätzen, oft in Satzgefügen, man schaute sorgfältiger auf die Wortwahl, auf die Grammatik, Orthographie, Interpunktion etc. Denn alles musste sehr gut verständlich sein und keine Missverständnisse entstehen lassen – der Lesende war ja nicht dabei und konnte nicht fragen: *Was hast du da jetzt gemeint?* Alles in allem: Niemand sprach so, wie er schrieb, und niemand schrieb, wie er sprach.

Und nun kamen SMS und Chats und erlaubten, schriftliche Mitteilungen *in Realzeit* auszutauschen,

Dialoge schriftlich zu führen – einfach, billig, für alle zugänglich, und so wurden sie *zum Ersatz für die mündliche Kommunikation*, für die informelle und private Unterhaltung allem voran. Die alte klassische Schriftsprache ist dafür sehr schlecht geeignet, ist schlicht zu langsam, und deshalb begannen Menschen überall automatisch – nicht sofort, aber mit der Zeit – in SMS und Chats so zu schreiben, wie sie untereinander sprachen: in kurzen Sequenzen, mit Umgangswörtern, mit »abgehackten«, oft syntaktisch nicht sauberen Sätzen, die in der Linguistik so hübsch Ellipse heissen, etc. Im Trend »schreiben, wie man spricht« war die Deutschschweiz natürlich keine Ausnahme, nur war hier etwas radikal anders: Die Schriftsprache war hier bisher eine andere als die der privaten mündlichen Kommunikation. Es ist im Grunde gar nicht erstaunlich, dass man in SMS und Chats auf Schweizerdeutsch zu schreiben begann.

Es ist auch nicht erstaunlich, dass damit Kinder und Jugendliche angefangen haben. Sie sind halt in allem viel offener und flexibler, viel weniger mit Vorstellungen beladen, wie es sein oder nicht sein sollte. Heute finde ich es faszinierend, wie schnell Kinder etwas gespürt und intuitiv verstanden haben, was Linguisten erst einige Jahre später formuliert haben: Bei SMS und Chats ist man im Modus eines »mündlichen Gesprächs unter sich«. Und damit auf der Ebene des Privaten und Informellen, der persönlichen Nähe, auf jener Ebene, für die in der Deutschschweiz Mundart zuständig ist.

Bei meinem allerersten Gespräch mit meiner Tochter vor bald 20 Jahren habe ich das noch nicht realisiert, und ich weiss noch, wie ich damals erstaunt war, als sie mir erzählte, dass die Kinder das »störende« Korrekturprogramm für die deutsche Rechtschreibung auf ihren Handys deaktiviert hatten – sie wollten keinesfalls auf Hochdeutsch schreiben, nicht mal mit einer Hilfe. Sicher spielte dabei auch mit, dass unsere Kinder in ihrem Alter Hochdeutsch, vor allem die deutsche Umgangssprache, noch nicht so gut konnten, doch das war nicht der Hauptgrund.

Das sah ich, als ich zu recherchieren begann und mit vielen jungen Leuten der Generation sprach, welche zuerst ein paar Jahre SMS auf Hochdeutsch geschrieben hatten und erst später auf Mundart wechselten. Mich interessierten vor allem Studenten, die im Unterricht sehr viel Hochdeutsch sprachen und es auch sehr viel lasen und schrieben. Wann und warum sie in SMS und Chats auf Schweizerdeutsch umstiegen, daran konnte sich niemand genau erinnern.

Meistens hiess es, die anderen hätten irgendwann damit angefangen und man machte dann automatisch mit. Und als ich die jungen Leute fragte, warum sie mitmachten, sah ich, dass sie darüber noch nie nachgedacht hatten, alle mussten zuerst überlegen: »Ja ... auf Hochdeutsch unter Freunden zu schreiben, stimmt irgendwie nicht, ist seltsam, wirkt gestelzt und distanziert.«

Übrigens: Junge Leute begannen als die Ersten nicht nur mit dem Mundartschreiben, sondern auch mit allem anderen, was in SMS und Chats in der ganzen Welt neu aufkam: mit »ökonomischen« Abkürzungen, wie *lg*, *lol*, *ok*, auch mit den »Emotionsmarkern« wie *:-)* oder mit Emojis, die bald dazukamen. Und all das zusammen mit elliptischen »Stummelsätzen«, mit Rechtschreibfehlern, die beim Schnellschreiben kaum zu vermeiden waren, mit schwindender Interpunktion, die in kurzen Sätzen schlicht an Wichtigkeit verlor – das alles war irgendwann von den alten klassischen Schriftsprachen ziemlich weit entfernt.

»Texting is killing our language! SMS stürzen unsere Sprache ins Verderben!« – diesen Klagechor hörte man Anfang der 2000er Jahre in allen Sprachen überall auf der Welt, und das vor allem auf die

Jugendsprache bezogen. Doch es war nur eine Frage der Zeit, bald sahen die SMS von Erwachsenen nicht viel anders aus. Und die meisten Linguisten fanden, das sei gar kein Verderb der Sprache, da sei einfach eine Sprachform entstanden, die an die neue *dialogische schriftliche Unterhaltung in der Realzeit* ziemlich genau angepasst und der informellen Kommunikation angemessen sei. Eine Sprache ist ja vor allem ein Instrument, das im Gebrauch bequem sein und seinem Verwendungszweck entsprechen soll. In der Deutschschweiz begann das Mundartschreiben im Grunde als ein Teil der globalen Anpassung der Sprachen an die neue Form der schriftlichen Kommunikation in der Realzeit.

Dass Erwachsene mit dieser Anpassung, wenn überhaupt, erst später begannen, ist begreiflich. Aus vielen verschiedenen Gründen, allein schon, weil sich Sprachgewohnheiten allgemein ziemlich schwer ändern lassen. Man muss sich umstellen, auch psychologisch, und etwas neu lernen, was zumindest am Anfang immer Überwindung und »Arbeit« bedeutet. Und mit dem Alter braucht man dafür mehr Übung und mehr Zeit.

Wie das in meinem Bekanntenkreis ablief, konnte ich vor Ort beobachten. Die Kinder trieben es mit ihren Mundart-SMS voran: Zuerst schrieben sie den Eltern so, dann den Grosseltern, Onkeln, »Gotten«, sie erweiterten Kreise, involvierten immer mehr Erwachsene, gewöhnten sie an die Schriftmundart und liessen sie erst einmal das schnelle Lesen lernen. Als die Erwachsenen dann im Lesen genug geübt waren, begannen manche von ihnen, auf Schweizerdeutsch zurückzuschreiben. Das passierte unterschiedlich schnell. Ich kenne jemanden, der erst 2021 seiner inzwischen fast 30-jährigen Tochter die erste SMS auf Mundart geschrieben hat.

Im nächsten Schritt begannen manche Erwachsene an andere Erwachsene auf Schweizerdeutsch zu schreiben – an Freunde, nahe Bekannte, in Familienchats. Auch das lief sehr unterschiedlich: Die Eltern einer jungen Kollegin, beide Deutschschweizer, schreiben sich zum Beispiel bis heute in verschiedenen Sprachen – der Vater in Hochdeutsch, die Mutter in Mundart.

So erlebte ich das in meinem Umfeld, anderswo verlief es anders. Ich lernte immer wieder Leute kennen, die mir erzählten, dass sie, ohne jegliche »Hilfe« der Kinder, von sich aus, sofort untereinander auf Mundart zu simsen begonnen hatten, obwohl auch niemand genau erklären konnte warum. Ich war damals beruflich viel in der Deutschschweiz unterwegs. Ich drehte unter anderem für die Sendung *Mitenand* des Schweizer Fernsehens kurze Portraits von ganz unterschiedlichen Menschen und fragte dabei alle Beteiligten und Protagonisten, wie sie simsten. Und ich sah, wie zersplittert die ganze Situation war, es war ein richtiger Flickenteppich: Die einen Menschen bekamen Mundart-SMS, die anderen nie; die einen schrieben es selbst, die anderen grundsätzlich nicht, wieder andere nur manchmal.

In den 2010er Jahren lief parallel zu SMS und Chats noch eine weitere Entwicklung: Das Mundartschreiben begann sich auf längere Texte, über den schnellen dialogischen Austausch hinaus auszuweiten – auf Mails, Internet-Kommentare, Posts etc. Irgendwann wurde das Gesamtbild so bunt, dass ich den Überblick verlor. Das Einzige, was ich sah, war, dass Schweizerdeutsch als Schriftsprache in immer neue Bereiche eindrang und von immer mehr Menschen benutzt wurde.

2012 drehte ich einen Beitrag für das Schweizer Fernsehen zum Thema Mundart und interviewte dafür Helen Christen, Professorin für germanistische Linguistik an der Universität Freiburg, die wichtigste Fachperson zum Sprachwandel in der

Deutschschweiz. Dieses Interview gab mir endlich die definitive Klarheit über die ganze Entwicklung der letzten Jahre und wurde auch zum letzten Teilchen in meinem Puzzle. Inzwischen, sagte Helen Christen, sei unter jungen Leuten die *Zweischriftigkeit* entstanden, das heisst, sie benutzen zwei parallele Schriftsprachen. »Die mündlichen Verhältnisse werden bei den Kindern und Jugendlichen auch in der Schriftlichkeit gespiegelt: das Private schreiben sie auf Mundart, das Öffentlich-Formelle auf Hochdeutsch. Sie lernen Schreiben und Lesen in der Hochsprache, beginnen daneben aber ›auf eigene Faust‹ auf Dialekt zu schreiben. Jüngere wachsen bereits in der Zweischriftigkeit auf.« Das fand ich sensationell. Die Entstehung einer Zweischriftigkeit, das gab es immer wieder in der Geschichte, nur lag das meist lange zurück und dieser Prozess entwickelte sich in der Regel sehr langsam. Und nun entstand das innerhalb von knapp 20 Jahren und überdies direkt vor meinen Augen.

2014 wurden dann im Forschungsprojekt *What's up, Switzerland?* des Schweizerischen Nationalfonds zum ersten Mal WhatsApp-Daten erhoben. »Die Auswertung der Daten zeigte, dass in der Deutschschweiz fast 90 Prozent aller SMS, die verschickt wurden, auf Mundart verfasst waren«, sagte mir im Gespräch die Linguistin Dr. Christina Margrit Siever von der Universität Zürich, die an diesem Projekt mitarbeitete. »Doch diese Zahl direkt auf die ganze Bevölkerung zu übertragen, wäre nicht korrekt. Die Menschen hatten ihre SMS freiwillig nach einem Aufruf dem Projekt gespendet, und da hatten verständlicherweise mehr junge als ältere Menschen mitgemacht.« Die realen SMS-Protokolle von Mobil-Providern unterliegen dem Datenschutz, sie stehen der Forschung nicht zur Verfügung. »Eine ›reale‹ Statistik zu erstellen«, meinte Christina Margrit Siever, »wäre kaum machbar, weil eine Gesamterhebung einerseits nicht möglich ist, andererseits aber auch nicht sinnvoll wäre. Ob am Ende 79 % der Leute oder 81 % der Leute in Mundart schreiben, ist ja auch nicht wirklich relevant.«

Heute, zehn Jahre später, ist die Zahl der Menschen, die Mundart schreiben, wohl gestiegen. Es ist inzwischen eine neue junge Generation aufgewachsen, die nichts anderes kennt – wenn ich heute mit den 20-Jährigen spreche, wissen sie gar nicht, dass es Zeiten gab, in denen man nicht auf Mundart geschrieben hatte. In der älteren Generation kenne ich heute persönlich niemanden, der nie Mundart-SMS bekommt. Aber ich kenne noch solche, die selber nicht auf Schweizerdeutsch schreiben oder so gut wie nie, wie beispielsweise einige von meinen nahen Freunden. Die einen sagen mir, Schreiben auf Schweizerdeutsch sei ihnen halt zu mühsam, oder: »Die Schriftsprache ist für mich nur Deutsch.« Die »Gotte« meiner Tochter schreibt inzwischen ab und zu SMS in Mundart, aber nur an einen einzigen Bekannten, der ihr auf Schweizerdeutsch schreibt. Doch wenn sie ihren eigenen geschriebenen Dialekt lese, sagt sie, sei es ihr extrem fremd: »Als ob ich in einen noch nie gesehenen Spiegel schauen würde ... Ein unbekanntes Ich.«

Und davon, dass die anderen heute so viel Mundart schreiben, ist sie nicht gerade begeistert, wie viele meiner Freunde auch: »Da geht etwas von der Sprachkultur verloren«, sagen sie. »Man vernachlässigt Hochdeutsch.« Meine Freunde sind meist über 50, meist Akademiker, Kulturschaffende oder Journalisten. Sie alle haben ihr Leben lang sehr viel mit Hochdeutsch zu tun gehabt, damit gearbeitet, darin sehr viel gelesen und geschrieben, und wenn ich mit ihnen spreche, merke ich, dass sie mit schriftlichem Hochdeutsch auch emotional stark verbunden sind. Jede Sprache ist ja nicht nur ein Kommunikationsinstrument, sie ist gleichzeitig auch ein Teil von einem selbst. Sie ist aufs Engste mit dem Denken, mit dem Bewusstsein, mit der Identität und vielen anderen Sachen verbunden. Ausserdem sind alle Sprachen ein Gemeingut, sie haben auch einen kulturellen Wert, und deshalb geschieht, sobald es in irgendeiner Sprache zu schnell zu starken Veränderungen kommt, immer und überall das Gleiche: Sehr viele Menschen geraten in Aufregung, und in der Gesellschaft wird heiss darüber diskutiert.

In Diskussionen dieser Art war ich in der Deutschschweiz oft selbst involviert, doch sie waren für mich natürlich nicht das Gleiche wie für meine Freunde, denn weder Hochdeutsch noch Schweizerdeutsch sind ja meine Muttersprachen – ich war nur eine neugierige aussenstehende Beobachterin. So dachte ich, bis ich die erste SMS auf Schweizerdeutsch bekam.

Es war eine berufliche SMS, eine Frau schrieb mir in Sachen eines Fernsehbeitrags, den ich drehen sollte. Vorher hatten wir lange miteinander am Telefon gesprochen – ich auf Hochdeutsch, sie auf Mundart. Eigentlich handelte es sich um ein offizielles Recherchegespräch, doch es lief nicht sonderlich formell ab. Wir sahen die Sachen gleich und fanden schnell einen guten Draht zueinander. Und als die Frau mir daraufhin auf Mundart schrieb, war ich selbst erstaunt, wie sehr mich dies freute. Dass sie mir die Schriftmundart »zutraute« – trotz meines unaussprechbaren Namens, trotz meines Hochdeutschs mit einem ausländischen Akzent – daran spürte ich: Sie empfand mich nicht als eine Fremde. Dabei hatte ich in der Schweiz nie Probleme, ich fühlte mich immer gut akzeptiert, doch diese Mundart-SMS war noch etwas mehr – ich weiss nicht –, so etwas wie eine ultimative Akzeptanz.

Heute bekomme ich öfters SMS oder Mails, in denen ein paar Worte auf Mundart stehen. Es sind nur wenige, meistens stehen sie am Anfang oder am Schluss, und ich empfinde sie immer als eine kleine freundliche Geste. Diese Worte machen mich zur »Eingeweihten« und ich freue mich immer darüber, auch wenn da nur »Liebi Grüess« oder »Bis dänn« steht.

4
Ohne Regelkorsett

Als die Pandemie begann, standen in vielen Mails und SMS, die ich bekam, Worte, die damals zu einer Art Abschlussformel wurden: »Heb dr Sorg, bliib gsund«. Jedes Mal sah das anders aus: »Häb der Sorg, blyb gsund« oder »Hab dr Soorg, blieb gsund« – auf Mundart schreiben ja alle ein bisschen unterschiedlich. Diese grosse Variabilität der Schreibformen ist für mich beim Lesen auf Schweizerdeutsch bis jetzt die grösste Herausforderung.

Woraus sich diese Vielfalt ergibt, ist von Linguisten schon oft beschrieben worden. Erstens schreibt man nach Gefühl, »wie man hört«, und jeder hört bekanntlich ein bisschen anders. Eine junge Kollegin sagte mir: Ich schreibe so, wie ich mich selbst etwas aussprechen hören würde. Dabei schreibt nicht unbedingt jeder Mensch ein Wort immer auf die gleiche Weise, sondern manchmal spontan anders – ich habe schon von der gleichen Person mal »bliib«, mal »blyb«, mal »herzlig«, mal »härzlig« bekommen. Dazu lehnen sich viele in der Schreibweise am Hochdeutschen an, aber nicht alle und nicht jeder im gleichen Masse – jemand schreibt »Zug fahre«, ein anderer wiederum »zuug faare«. Dazu schreibt jeder noch in seinem eigenen Dialekt, und zwar so, dass die anderen ihn erkennen. Als meine Tochter noch klein war, merkte man sogar, dass sie (da ihr Vater aus Basel kommt) SMS in Zürichdeutsch mit Basler Akzent schrieb.

Auch Neuschöpfungen tragen ihr Scherflein zu dieser Vielfalt bei – sie werden vor allem bei den Jugendlichen recht aktiv gebildet. Als meine Tochter mich ins Mundartlesen einführte und mir, natürlich mit Erlaubnis ihrer Freunde, ihre SMS-Chats zeigte, wimmelte es dort nur so von allerlei Wortspielereien. Das erschwerte mir das ohnehin mühsame Lesen extrem. Ich fragte sie sogar, ob sie auf Mundart einander auch mal »normal« schrieben. Allerdings war diese Verspieltheit für mich nachvollziehbar – dazu verlockt nicht nur der informelle Stil der SMS- und Chat-Kommunikation, sondern auch das Fehlen der Rechtschreibung. Es ist immer so: Wenn in einer Sprache gewisse Bereiche nicht zu fest geregelt sind, gibt es dort einen grösseren Freiraum für Kreativität und Selbstausdruck – ohne ein strenges Regelkorsett wird man eher erfindungsfreudig, für welche Zwecke auch immer, sei dies für Expressivität und Witz, oder nur für die Schreibökonomie und zum Zeitsparen. »Einige solche Neuschöpfungen«, erzählte mir Helen Christen im Interview 2012, »werden manchmal in grösseren Gruppen der Jugendlichen populär, so wie ein ›x‹ anstatt ›gs‹ zu schreiben, oder ›sh‹ anstatt ›sch‹. ›Hesh xeh?‹ anstatt ›Hesch gseh?‹. Heute gilt diese Schreibweise bei vielen Jugendlichen schon als gewöhnlich.« Diese Formen sind, wie ich höre, bis jetzt immer noch verbreitet.

Es sind also im Schweizerdeutschen sehr viele verschiedene Schreibweisen möglich, so viele, dass Linguisten sie nicht mal extra sammeln. Nicht einmal das *Schweizerische Idiotikon* macht das. Das hatte ich fälschlicherweise vermutet, bevor ich 2022 die Redaktion besuchte. Das *Schweizerische Idiotikon* ist das wichtigste und umfassendste Wörterbuch des Schweizerdeutschen, ein klassisches lexikographisches Werk, das den lebenden und historischen Wortschatz der gesamten Deutschschweiz dokumentiert – es hält die Bedeutung der Wörter fest, ihre Herkunft, ihre geographische Verbreitung etc., doch es sammelt nicht explizit alle möglichen Schreibweisen.

Bevor ich in die Redaktion kam, hoffte ich unter

anderem, dort meine Schreibvarianten-Ketten zu ergänzen, die ich einmal für ein paar Wörter ganz rudimentär über meine Bekannten sammelte: *öppedie, öppediä, öbbedie, öpedie, eppetie, öpadia* etc. Als ich mit dem damaligen Chefredakteur des *Schweizerischen Idiotikons* Hans Bickel darüber sprach, sagte er mir, eine vollständige Sammlung der Schreibvarianten für jedes einzelne Wort aufzustellen, gehöre nicht zu den Aufgaben des *Idiotikons*. »Das wäre auch kaum machbar, gerade weil so viele Schreibungen möglich sind. Wenn man noch an all die Neuschöpfungen denkt, dann gibt es für Schreibweisen im Grunde keine Grenzen.« Deshalb, meinte Hans Bickel, mache ein »Extra-Sammeln« keinen Sinn, und das sei für Schweizerdeutsch auch nicht relevant, denn es habe eine »bewegliche Schreibweise«. Dieser Begriff bedeutet: Es gibt für das Schweizerdeutsche keinen orthographischen Standard.

»Das ist ja wahnsinnig!« – so etwa reagieren meine Bekannten aus anderen Ländern, wenn ich Ihnen erzähle, wie auf Schweizerdeutsch geschrieben wird. In den letzten Jahren habe ich schon mit sehr vielen Ausländern über das Thema gesprochen, und niemand von ihnen hat vom »Schreiben ohne Regeln« je gehört und alle fragten, wie das funktioniere und ob man einander überhaupt verstehe. So sehr sind wir heute daran gewohnt, dass unsere Sprachen streng kodifiziert sind, das heisst, einen festen Standard haben. Dabei ist die strenge Kodifizierung in modernen Schriftsprachen, historisch gesehen, ein junges Phänomen. Früher herrschte über lange Zeit eine bewegliche Schreibweise. Einen definitiven orthographischen Standard haben die meisten erst seit etwa hundert Jahren, Deutsch erst seit 1902.

Im frühen Mittelalter war die deutsche Sprache überhaupt nur mündlich, die Schriftsprache war Latein. Dieses beherrschten allerdings nur wenige, nur die gebildete Schicht. Als das Bedürfnis nach einer Schriftsprache in anderen Bevölkerungsgruppen wuchs, begann man etwa im 7./8. Jahrhundert mit den Buchstaben, die man dem Latein entlehnte, in der Sprache zu schreiben, in der man sprach. Das war damals nicht *eine* deutsche Sprache, sondern mehrere Dutzend, sich oft voneinander stark unterscheidende »Varietäten«, wozu auch jene in der heutigen Schweiz gehörten. Dies waren noch nicht Dialekte im heutigen Sinn, denn das Wort *Dialekt* gebrauchen Linguisten heute meist in der Opposition zu einer Standardsprache, und eine deutsche Standardsprache, das heutige Hochdeutsch, existierte im Mittelalter noch nicht. Es bildete sich erst später heraus, was gerade mit der Entwicklung der Schriftsprache einherging.

So schrieben alle anfangs auf Deutsch in verschiedenen Varietäten und nach eigenem Gutdünken, und die Buntheit der Schreibweisen war wohl viel bunter als heute in der Deutschschweiz. Dabei existierten zwei parallele Schriftsprachen, es herrschte die Zweischriftigkeit: Deutsch/Latein. Deutsch wurde im Privaten, teils in der Verwaltung, im Handel, in der gerade entstehenden einheimischen Literatur benutzt. Latein war die Sprache der Kirche, der Wissenschaft, der Justiz. Genauer gesagt, der Juristen. Seit man Gerichtsprozesse schriftlich zu dokumentieren begann, wurden Protokolle, all die Aussagen der Angeklagten und der Zeugen in Deutsch niedergeschrieben – die meisten Bürger, wie etwa Bäcker oder Markthändler, waren des Lateins verständlicherweise nicht mächtig. Solche Gerichtsdokumente sind heute eine sehr wichtige Quelle für das Team des *Idiotikon*s beim historischen Aufarbeiten der Deutschschweizer Dialekte: Im Quellenmaterial des *Idiotikons* finden sich viele Abschriften von Gerichtsprotokollen aus Staatsarchiven, und auf den Regalen in der Redaktion stehen zahlreiche Rechtsquellensammlungen. Ich konnte zum Beispiel Kopien von alten Urkunden anschauen. Urkunden wurden in der Schweiz schon sehr früh neben Latein auch auf Deutsch verfasst, so wie diese vom 22. Juli 1248, in der eine gewisse Frau Ida auf einen Teil ihres Besitzes, auf eine Mühle und Güter zu Sierenz, verzichtete: »Ich vro Ita kunde allen dien, die disen brief anesechent, wie ich ... choufte ein muli unde ander ligende guot ...« – so hat das damals ausgesehen.

Erst im Laufe der Jahrhunderte, über mehrere Stufen vereinheitlichte sich langsam die deutsche Schriftsprache. Im 18. Jahrhundert war die Schreibweise bereits einigermassen gleichartig, doch sie war nicht verbindlich, und man konnte nicht selten in demselben Text von der gleichen Person verschiedene Schreibvarianten antreffen. Den definitiven orthographischen Standard arbeitete erst Konrad Duden in seinem Rechtschreibewörterbuch von 1880 aus. 1902 erklärte dann der deutsche Bundesrat Dudens Regeln für ganz Deutschland als verbindlich. Die Schweiz und Österreich schlossen sich an.

In vielen anderen Sprachen verlief die Entwicklung zu verbindlichen schriftlichen Standards ähnlich. Und recht schnell wurden diese Standards überall sehr wichtig, denn sie bekamen einen zusätzlichen gesellschaftlichen Wert: Das fehlerfreie Schreiben gehörte nun zum »Gebildetsein«, zur »Kultur«, zum »hohen sozialen Status«. Schreibfehler wurden nicht nur in der Schule schlecht benotet, sie wurden allgemein in der Gesellschaft – bis vor kurzem – immer und überall negativ gewertet.

Dabei entstanden die festen Schreibregeln nur aus einem ganz pragmatischen Grund: um das Lesen und Schreiben zu erleichtern. Denn, wenn man nicht viele, sondern nur eine mögliche Variante hat, entstehen weniger Missverständnisse; nur eine Variante lernt man viel schneller; man entwickelt schneller Automatismen – und gerade darauf beruht zum grossen Teil die Benutzung der Sprachen. Würde es heute hypothetisch für Schweizerdeutsch einen Standard geben, würde ich mit meinem Lesenlernen um einiges schneller vorankommen.

Dass es überhaupt einmal so weit kommt, dass ich selbst Schriftmundart lesen lernen würde, so eine Phantasie hatte ich vor 20 Jahren nicht mal gehabt. Doch anders geht es für mich jetzt nicht, ich will ja den Anschluss zum Leben, das sich um mich herum abspielt, nicht verlieren. Auch nicht zu dessen schriftlichem Teil, der heute beträchtlich ist. Denn wir leben in der Zeit der sogenannten »neuen Schriftlichkeit« – es wird heute unvergleichlich viel mehr als noch vor 30 Jahren geschrieben. All die SMS, Chats, Social Media, Mails – das gab es früher nicht, das kam neu dazu. Und gerade dort wird heute sehr viel Schweizerdeutsch geschrieben. Ausserdem hat sich das schriftliche Schweizerdeutsch inzwischen, wenn auch im bescheidenen Rahmen, in allerlei öffentliche Bereiche ausgedehnt. Und wenn ich irgendwo draussen unterwegs bin, will ich auch verstehen, was zum Beispiel an einem Strassenlampenpfosten auf einem A4-Blatt gedruckt steht: »Am Jamie sis Trotti isch afem Pausi vom Schulhuus weg cho … Falls es öpert findet bitte alüte.«

Da stand ich lange davor und rätselte um den Anfang des Satzes. Klar war da Jamies Trotti gemeint, was aber hat hier ›am‹ verloren? Ich musste mir später erklären lassen, dass es die gleiche Konstruktion wie »Dem Jamie sein Trotti« ist. Dabei haben mir einige gesagt, sie würden da »em« oder »äm« schreiben.

Seit ich anfing, Schweizerdeutsch zu lesen, begann ich mich auch automatisch damit auf einer neuen Ebene auseinanderzusetzen. Früher ging es mir nur ums Verstehen des Inhalts, alles andere war nicht wichtig, viele kleine Details habe ich sicher überhört. Jetzt, wenn ich Mundart graphisch visualisiert vor den Augen habe, – und im Gegensatz zu den ersten Jahren auch verstehe, was gemeint ist – nehme ich die grammatikalischen Strukturen, auch die Aussprache viel bewusster wahr. Das Lesen als solches ist ja ein viel bewussterer Prozess als das Hören. Doch von allen sprachlichen Aktivitäten ist das Schreiben – das weiss man aus der Neurolinguistik – der bewussteste Prozess. Sogar bei »fingered speech«, dem dialogischen Schnellschreiben, überlegt man mehr als beim Sprechen, und trifft mehr bewusste Entscheide. Und dies weiss man aus der Geschichte der Sprachen: Wenn viele Menschen in einer bis anhin mündlichen Sprache viel und regelmässig zu schreiben beginnen, hat es für die Sprache Folgen.

5
Bürgerkrieg und Dialektsalat

Seit die Schriftmundart damit begonnen hatte, in unterschiedliche öffentliche Bereiche Einzug zu nehmen, wurde die ganze Entwicklung für mich noch spannender. Denn in der Geschichte, in den frühen Entwicklungsphasen der noch nicht kodifizierten Schriftsprachen, gab es irgendwann genau diesen Zeitpunkt, an dem sich deren Verwendung ins Öffentliche und Überregionale ausdehnte, und dann wurde die Tendenz zur Vereinheitlichung der Schreibweisen spürbar. Die Frage war für mich naheliegend: Könnte sich diese Tendenz irgendwann auch im Schweizerdeutschen bemerkbar machen? Ist sie vielleicht schon da? Linguistische Studien dazu gab es damals noch keine, meine eigenen Mundartkenntnisse reichten nicht aus und meine Freunde merkten nichts dergleichen. Die meisten hielten diese Möglichkeit sogar für unrealistisch, manche für ausgeschlossen. Der eigene Dialekt sei so wichtig, sagten sie, nie würde jemand davon etwas »abtreten«, nie würde ein Basler etwas vom Zürichdeutschen oder vom Berndeutschen oder umgekehrt übernehmen. *Ein Einheitsdialekt? Dann käme es zum Bürgerkrieg* – so einen Titel gab es 2012 in der Berner Zeitung.

Bald danach entstand ein neues Medienformat – untertitelte Videos, die man nach Bedarf auch ohne Ton, »stumm«, nur lesend anschauen kann. Sie wurden in der ganzen Welt sehr populär und 2019 sah ich im Internet zum ersten Mal solche Videos mit Untertiteln in Mundart – das waren Sketches von der damals unter jungen Leuten sehr beliebten Mundart-Comedysendung der SRF-Jugendredaktion *Zwei am Morge*. Die Videos wurden regelmässig auf Instagram gepostet und hatten, mit bis zu hunderttausend Views, ein grosses Publikum. Ich zeigte diese Untertitel meinen Bekannten mit der Frage, in welchem Dialekt sie geschrieben seien. »In keinem«, war die Antwort. Ein Kollege sagte: »Das ist irgendein schrecklicher Dialektsalat.«

Daraufhin nahm ich Kontakt mit dem Team von *Zwei am Morge* auf und fragte, ob ich sie besuchen könne. Mein Interesse an der Schreibweise der Untertitel überraschte sie, doch das Team war zu einem Treffen bereit, und so kam ich in die Redaktion und traf die Autoren der Sendung – die beiden

Moderatoren Julian Graf und Ramin Yousofzai, und die Produzenten Robin Pickis und Philip Wiederkehr. Alle waren sehr jung, zwischen 24 und Anfang 30. Das Erste, was ich wissen wollte: Warum sie sich überhaupt für die Untertitel auf Mundart entschieden hatten. Die Antwort war: »Auf Deutsch lohnt sich das gar nicht, wir wissen, dass wir nur von jungen Leuten angeschaut werden.«

Als ich in die Redaktion von *Zwei am Morge* kam, war das Team gerade an der Vorbereitung der Sendung: Alle vier, über Google-Docs verbunden, schrieben zusammen – auf Schweizerdeutsch – das Drehbuch-Skript, und das allein sah aus meiner Sicht schon wie eine recht äquilibristische Sprachübung aus. Denn der Text wurde vorwiegend von den Produzenten Robin, einem Nidwaldner, und Philip, einem Zürcher, geschrieben. Die Moderatoren Julian und Ramin, zwei Winterthurer, gaben in Pointen und Ausdrucksweisen ihren Pfeffer dazu. Dabei war der Dialekt der beiden, wie sie mir sagten, »Winterthurer Zürideutsch«, das sich vom »Züri-Zürideutsch« ziemlich unterscheide. Das fertige Skript war am Schluss vorwiegend vom »Nidwaldner-« und »Züri-Zürideutsch« geprägt, und weil Ramin und Julian ausgehend davon später schauspielern sollten, passten sie das Skript an ihr »Winterthurer Zürideutsch« an. »Anders geht es nicht«, sagte mir Ramin. »Ich kann einen anderen Dialekt gut nachmachen, aber ich kann nicht in einem fremden Dialekt frei vor der Kamera sprechen.« Ramins erste Muttersprache ist übrigens Farsi – er ist als Neunjähriger mit seinen Eltern aus Afghanistan in die Schweiz gekommen.

Nach der Aufnahme der Sendung – nach dem Schnitt etc., kam der letzte Teil der Arbeit, der mich eigentlich ursprünglich interessiert hatte – das Untertiteln der Instagram-Videos. Diese Texte schrieb Robin und er erklärte mir, wie er das machte: »Ich versuche, eine Mischform aus allen Schweizer Dialekten zu machen, eine Art Einheitsdialekt, der für alle verständlich und akzeptabel ist.«

»Nach welchem Prinzip machst du das?«

»Ich nehme zum Beispiel nie seltene, zu spezielle Wörter, wähle immer solche, von denen ich denke, dass sie von allen verstanden werden. Ausserdem schaue ich, dass ich nicht zu stark in meinem eigenen Dialekt bleibe, und dass kein anderer Dialekt zu dominant wird. Vor allem nicht Zürideutsch – ein zu stark ›zürilastiger‹ Text würde in der Restschweiz emotional nicht gut ankommen.«

Ich war baff – sehr ähnlich, fast mit den gleichen

Worten, wurden in den Lehrbüchern, mit denen ich einst studiert hatte, die ersten Schritte der Vereinheitlichung der Schreibweisen beschrieben: das Meiden von seltenen Formen, Bevorzugung der Wörter mit der »grössten Reichweite«. So begann einst die Universalisierung, nicht nur von Schreibweisen, sondern auch, zwangsläufig, von ganzen Sprachen – in ihrem Wortschatz, in ihrer Grammatik. Dieser Prozess verlief in den meisten Sprachen ähnlich. Im deutschsprachigen Raum begannen damit im Mittelalter unter den Ersten die Minnesang-Dichter, welche wollten, dass ihre Poesie möglichst viele Menschen an möglichst vielen Orten erreicht.

Als ich das Robin erzählte, war er erstaunt, er war sich überhaupt nicht bewusst, was für eine »sprachliche Arbeit« er da leistete. Von irgendwelchen sprachwissenschaftlichen Kriterien wusste er gar nichts, er hatte vorher Sport studiert. Er verfolgte, wie er sagte, einen ganz pragmatischen Zweck: einem möglichst grossem Publikum verständlich zu sein.

Auf die gleiche Weise schrieb Robin in Mundart auch für *Schwiizchiste*, einen Comedy-Account, den er neben *Zwei an Morge* allein machte und der auf Instagram etwa 250000 Follower hatte. Übrigens:

Robin ist viersprachig – seine Mutter ist Niederländerin, der Vater Engländer, und er selbst ist in der Schweiz mit Nidwaldnerdeutsch und Hochdeutsch aufgewachsen.

Wie sei es für Robin, fragte ich ihn, dass er für die Medien nicht im eigenen Dialekt schreibe? Alle sagen doch, das sei für jeden so wichtig. »Das ist für mich wirklich ein bisschen ein Problem. Deshalb habe ich beschlossen, mindestens etwas von meinem Nidwaldnerdeutsch beizubehalten – ich schreibe beispielsweise immer für ›nichts‹ ›nid‹, oder für ›noch‹ schreibe ich ›nu‹. So kann ich trotzdem meine Herkunft zeigen, ohne dass es den Lesefluss zu stark stört.«

Apropos »Bürgerkrieg«, den die Berner Zeitung 2012 prophezeit hatte: Bevor ich in die Redaktion ging, hatte ich eine kleine Umfrage bei den jungen Leuten, den Fans von *Zwei am Morge* gemacht. Ich fragte sie, ob es sie störe, dass die Untertitel in einem Mischmasch aus verschiedenen Dialekten geschrieben waren. Es störte niemanden. Viele haben es sogar kaum wahrgenommen – es sei nicht wichtig, sagte man mir, man folge ja dem Inhalt.

Die Untertitel von *Zwei am Morge* sowie viele andere Quellen analysierte später die Professorin für Linguistik Helen Christen in ihrer Forschung, in der sie untersuchte, ob die Tendenz zur Vereinheitlichung in der Schreibweise zu beobachten wäre. Eine Zwischenbilanz präsentierte sie 2022 im Vortrag *Dialektschreiben. Eine Auslegordnung* auf dem 7. Kongress der Internationalen Gesellschaft für Dialektologie des Deutschen in Salzburg. »Was man heute sieht«, sagt Helen Christen, »ist erstens das Bedürfnis nach Normen für die Dialektverschriftung, was ein Zeichen dafür ist, dass geschriebener Dialekt auch über den engeren privaten Rahmen hinaus verwendet wird.«

Heute findet man sogar in den Medien immer wieder Empfehlungen, wie man auf Schweizerdeutsch schreiben sollte. »Schreibtipps in den Medien«, sagt Helen Christen, »beraten in Richtung von Einheitlichkeit (›und‹ entweder immer mit ›u‹ oder immer mit ›o‹ schreiben) und Verständlichkeit (›vo‹ wird eher als ›von‹ verstanden als ›fo‹). Eine viel weitreichendere Praxis habe ich bei Untertitelungen von Dialektsketchen gefunden: Sprechen die Protagonisten einen wenig bekannten Dialekt, so werden nicht etwa deren spezielle Lautungen in die Schrift übertragen, sondern es wird eine verbreitete Lautung verschriftet. Es wird nicht »Huis« geschrieben, sondern ›Hus‹. Man sieht an diesem Beispiel, dass hier das schriftliche Schweizerdeutsch beginnt, sich von dem gesprochenen loszulösen.«

Dieses Loslösen vom Gesprochenen war immer einer der ersten Schritte bei der Vereinheitlichung der Schriftsprachen. Anfangs waren sie alle nur eine Art Kompromiss-Schreibvariante, die die Meisten am leichtesten lesen konnten – gesprochen haben alle weiterhin in eigenen Dialekten. »Vor unseren Augen«, sagt Helen Christen, »spielt sich gewissermassen ein Remake früherer Zeiten ab, als sich im Deutschen erst langsam eine schriftliche Einheitssprache herausbildete.«

So ist auch das geschriebene Schweizerdeutsch, das man heute auf Webseiten, Werbung, allerlei Beschriftungen in der Stadt etc. sieht, oft nicht genau die Sprache, die gesprochen wird. Meine Freunde regen sich über die eine oder andere Aufschrift auf: »Das ist falsch geschrieben!« Dabei ist es nicht »falsch«, sondern an das breite Publikum angepasst – da nimmt die Schriftmundart wieder einmal einen, wenn auch einen sehr zaghaften, Anlauf zur Universalisierung.

»Wieder einmal«, weil es solche Anläufe schon früher gegeben hat. Viel mehr: Im Spätmittelalter und in der frühen Neuzeit gab es eine in der ganzen

Deutschschweiz viel benutzte einheitliche Schreibsprache – die »eidgenössische Landsprach«. Was das genau war, erläuterte im Interview der Chefredaktor des *Schweizerischen Idiotikons* Christoph Landolt: »Bevor das heutige normierte Standarddeutsch entstand, hatten sich zuerst die sogenannten Kanzleisprachen für einzelne grössere Regionen entwickelt. Im 16. Jahrhundert gab es bereits eine niederdeutsche im Norden, es gab die sächsische Kanzleisprache, die oberdeutsche Schreibsprache etc. In der Schweiz gab es auch eine eigene, auf dem Alemannischen basierte Kanzleisprache«. Diese Sprachen wurden vor allem von schreibgeübten Amtspersonen, Chronisten usw. benutzt, doch nicht nur.

»Viele Schweizer denken«, sagt Christoph Landolt, »dass Zwingli die Bibel in Züritüütsch übersetzt hat. Dabei war es jene ›eidgenössische Landsprach‹.«

Wann verschwand sie, und warum, fragte ich Christoph Landolt. »Sie wurde mit der Verbreitung des Buchdrucks aufgegeben. Die Schweiz ist ja klein, und die Schweizer Buchdrucker wollten ein grösseres Publikum erreichen und einen grösseren Absatz für ihre Bücher haben. Deshalb übernahmen sie jene Schreibweise, die sich damals im ganzen deutschsprachigen Raum durchzusetzen begann:

Das war eine in erster Linie am Ostmitteldeutschen orientierte Schreibweise, weil Martin Luther sich bei seiner Bibelübersetzung nach der sächsischen Kanzleisprache gerichtet hatte. Niederländische Buchdrucker machten das zum Beispiel nicht mit, sie blieben bei ihrem eigenen niederfränkischen ›Standard‹, später wurde er zur Grundlage für die heutige niederländische Sprache.«

Alle anderen Schreibsprachen von damals, auch die »eidgenössische Landsprach«, verschwanden mit der Zeit. Die sächsische Kanzleisprache setzte sich nach und nach durch und wurde dabei auch von hochdeutschen Dialekten beeinflusst. Zum 18. Jahrhundert entstand jene schon stark vereinheitlichte Sprache, die nun Hochdeutsch genannt und in den meisten deutschsprachigen Ländern, auch in der Deutschschweiz, geschrieben wurde. Die alte alemannische Schriftlichkeit wurde wieder für lange Zeit aufgegeben, und Schweizerdeutsch wurde nur noch gelegentlich schriftlich benutzt.

Doch im 18. Jahrhundert begann man wieder mehr in schweizerdeutschen Dialekten zu schreiben und Ende des 19. Jahrhunderts noch mehr. »Auf breiter Front gings um 1900 los«, erzählt Christoph Landolt. »Das war eine Zeit, als man sich auf die

Mundart als etwas, das ganz der Schweiz eigen ist, besann: Ende des 19. Jahrhunderts fürchtete man, im Gefolge der beginnenden Industrialisierung und Modernisierung die Bodenhaftung, das Altererbte, die ›Swissness‹ zu verlieren. Später bekam diese Haltung neue Impulse, als sich die Schweizer im Rahmen der ›geistigen Landesverteidigung‹ von Nazi-Deutschland abgrenzen wollten, auch sprachlich. Es wurden in dieser Zeit auch zwei verschiedene Systeme für das Schreiben von Mundart entwickelt, diese konnten sich aber nicht allgemein durchsetzen.«

Diese Wellen des Schreibens auf Mundart sind mit der Zeit abgeflaut. Und nun kam völlig unerwartet Anfang des 21. Jahrhunderts wieder eine solche Welle, diesmal ausgelöst von neuen digitalen Technologien. Und diese nahm ein Ausmass an, mit dem anfangs niemand gerechnet hatte. Das machte Schweizerdeutsch noch mehr zum Sonderfall unter den deutschen Dialekten. Denn in Deutschland werden zum Beispiel SMS kaum in Dialekten geschrieben, dort ist es eine Randerscheinung.

6
»mehr als bloszer dialect«

Dabei war Schweizerdeutsch schon vorher genug ein Sonderfall unter den deutschen Dialekten. Mit dieser Tatsache musste ich mich in meinen ersten Schweizer Jahren immer wieder auseinandersetzen. Denn ich war öfters in Deutschland unterwegs und meine deutschen Bekannten konnten einfach nicht verstehen, warum ich damals so sehr ums Schweizerdeutsche kämpfte: »Du kannst doch Deutsch, wozu brauchst du Dialekt überhaupt?«

In Deutschland sprechen bei weitem nicht alle einen Dialekt, von meinen Bekannten konnte niemand einen. Sogar Ulrich, ein befreundeter Journalist aus Norddeutschland, verstand kaum Plattdeutsch, obwohl er seit seinem zehnten Lebensjahr dort in einem Dorf aufgewachsen war, wenn auch in einer zugezogenen, Hochdeutsch sprechenden Familie.

»Wieso hast du Platt nicht gelernt? Haben Kinder im Dorf es untereinander nicht gesprochen?«, fragte ich ihn.

»Eben nicht, es galt damals unter Kindern, wie soll ich sagen, als verpönt, nicht schick, Dialekt sprachen nur ältere Leute.«

Zum Zeitpunkt dieser Gespräche war niemand von meinen deutschen Bekannten je in der Schweiz gewesen, und sie alle übertrugen automatisch die Situation, die sie von Deutschland her kannten, auf die Schweiz. Ich weiss nicht, wie oft ich erklären musste, dass es hier grundsätzlich anders ist, dass hier wirklich alle Mundart sprechen. Das war fast nicht vermittelbar, immer kamen Fragen: »Und wie sprechen zwei Professoren unter sich?« »Und wie spricht man in Zeitungsredaktionen?«, fragte ein Journalist. »Du musst dir so vorstellen«, erklärte ich. »Du kommst zum Beispiel in Hamburg in die ZEIT- oder SPIEGEL-Redaktion und dort unterhalten sich alle Redakteure untereinander, auch über berufliche Sachen, auf Plattdeutsch. Nein, nicht alle, manche würden vielleicht Schwäbisch oder Sächsisch sprechen. Aber niemand Hochdeutsch.« Alle lachten nur: »Da würden die meisten einander auch nicht verstehen …«

Viele meiner Schweizer Bekannten gehen übrigens automatisch davon aus, dass alle Deutschen einen Dialekt können. 2010 hatte ich in den deutschen Medien Berichte über eine bundesweite Erhebung zum Thema Dialekte gelesen, bei der rund 60 Prozent der Befragten angaben, einen Dialekt zu können. 2023 fragte ich Alexander Werth, den Dialektologen und Professor für Deutsche Sprachwissenschaft an der Universität Passau, ob das immer noch der aktuelle Stand der Dinge sei. Im Interview relativierte er diese Zahl: »Die Frage bei jener Erhebung war: ›Können Sie einen Dialekt?‹, und die Leute sollten mit Ja oder Nein antworten, und tatsächlich haben 60 Prozent der Personen Ja gesagt. Diese Antwort ist aber ein Problem, da gar nicht klar ist, was die Menschen unter Dialekt verstehen. Viele Menschen verstehen nämlich unter Dialekt jegliche Form des regionalen Sprechens. Das heisst, schon wenn sie wenige Wörter, schon wenn sie wenige Laute verwenden, die regional sind, ist es in der Wahrnehmung der Menschen Dialekt. Die meisten Menschen in Deutschland sprechen aber tatsächlich keinen Dialekt mehr, sondern was sie sprechen, ist ein sogenannter Regionalakzent, das heisst ein regional gefärbtes Hochdeutsch – das ist nicht das Gleiche wie die echten, traditionellen Dialekte. Diese werden von vielen Menschen noch verstanden, doch selber aktiv benutzen können es viel weniger. Eine andere Erhebung von 2017 zeigte, dass ca. 55 Prozent der befragten Personen imstande waren, vorgegebene Sätze vom Hochdeutsch in den Dialekt zu übersetzen. Diese Erhebung zeigte nicht nur ein grosses Gefälle im Alter, sondern auch ein regionales Gefälle in der Dialektkompetenz.«

Das ist nicht der einzige Unterschied zwischen Deutschland und der Schweiz, was Dialekte betrifft, auch ihr Status ist anders. »In Deutschland«, so Alexander Werth, »wird Hochdeutsch allgemein als Prestigesprache wahrgenommen, Dialekte sind in der Gesellschaft oft abgewertet.«

Wieso ist das in der Schweiz anders? Diese Frage stellte ich an den Chefredaktor des *Schweizerischen Idiotikons* Christoph Landolt. »Alle Schriftsprachen«, erzählte er, »blieben, während sie sich allmählich herausbildeten, zuerst künstliche, nur geschriebene Sprachen, sie wurden nicht gesprochen. Auch Hochdeutsch war anfangs nur schriftlich. Erst ab dem 19. Jahrhundert begannen in Deutschland das Bürgertum und die gebildete Schicht auf Hochdeutsch – nach der Schrift – zu sprechen, auch im Alltag. Und damit wurden Dialekte automatisch abgewertet, sie wurden zu der Sprache der ›ungebildeten kleinen Leute‹, wie man es damals nannte. In der Schweiz stiegen dagegen die gebildete Schicht und das Bürgertum im Privaten nie auf Hochdeutsch um, und damit hat die Abwertung der Dialekte hier nicht stattgefunden.«

In den meisten Ländern verlief die Entwicklung etwa gleich: Nach der Herausbildung der schriftlichen Standardsprachen, und nachdem man sie auch in allen Bereichen zu sprechen begann, wurden sie zu Prestigesprachen – Dialekte bekamen eine soziale Färbung, wurden zu einem sogenannten sozialen Marker. Warum dieser Umstieg in der Schweiz nicht stattgefunden hat, auf diese Frage konnte niemand von den Linguisten, mit denen ich gesprochen hatte, ganz genau antworten. Es sei, sagten alle, zu wenig dokumentiert, da müsste man zu viel mutmassen. Mitte des 19. Jahrhunderts schrieb jedenfalls Jacob Grimm im Vorwort zu Grimms *Deutschem Wörterbuch* über die »Schweizer Volkssprache«: »Diese ist mehr als bloszer dialect, wie es schon aus der freiheit des volks sich begreifen läszt; noch nie hat sie sich des rechtes begeben selbständig aufzutreten …« Was man heute allgemein noch aus der Geschichte der Sprachen weiss: Die politische und wirtschaftliche Eigenständigkeit, vor allem aber eine eigene nationale Identität, förderten in der Regel »eigene« Sprachen und Sprachvarietäten.

In der Deutschschweiz gibt es noch einen Umstand ganz praktischer Natur, der beim »Nichtumsteigen auf Hochdeutsch« im Privaten eventuell eine Rolle gespielt haben könnte: Alle Dialekte der Deutschschweiz gehören zur gleichen alemannischen Gruppe und sind – fast immer – gegenseitig verständlich. In Deutschland ist es anders, wenn man einen echten Dialekt spricht, wird man in anderen Landesteilen bei weitem nicht von allen verstanden. Bei seiner »Vermündlichung« wurde Hochdeutsch unter anderem zu einer gemeinsamen, für alle verständlichen, gesprochenen Sprache, die die überregionale Kommunikation erleichterte. Das ist auch heute so. Zum Beispiel wurde bei der SWR-Talkshow *Nachtcafé* von 2017 zum Thema Dialekte vorwiegend auf Hochdeutsch gesprochen. Der Moderator Michael Steinbrecher führte die Diskussion mit folgenden Worten ein: »Die einen finden sie scheusslich, die anderen charmant ... stehen Sie zu ihrem eigenen Dialekt? Oder versuchen Sie, ihn zu verbergen, wo es nur geht?« Alle Teilnehmer konnten einen Dialekt und »standen« dazu, trotzdem wurde er darauf sehr sparsam gesprochen. Harald Schmidt, dessen Heimatdialekt Schwäbisch ist, erzählte unter anderem – in seinem perfekten Standarddeutsch – dass er während des Studiums den »Ehrgeiz« gehabt hatte, »das dialektfreie Sprechen hinzukriegen«. Und der Schauspieler Yared Dibaba schwärmte ebenfalls auf Hochdeutsch von seiner Liebe zu Plattdeutsch.

Dass die Deutschschweizer alle einander in Mundart verstehen, spielt eine wichtige Rolle, nicht nur bei der mündlichen, sondern auch bei der schriftlichen Kommunikation. »Die gegenseitige Verständlichkeit der Schweizer Dialekte und deren bedingungslose gesellschaftliche Akzeptanz«, meint Dr. Helen Christen, »ohne diese zwei Bedingungen hätte das Dialektschreiben in der Deutschschweiz sich kaum so schnell ausbreiten können.«

Diese Ausbreitung war ein von einer Eigendynamik getriebener Prozess – niemand konnte das beeinflussen oder verhindern. Und Linguisten finden diese Entwicklung weder gut noch schlecht, sie werten (in der Regel) sprachliche Phänomene nicht – sie analysieren, beschreiben, konstatieren den Stand der Dinge. Und dieser ist heute so, dass in der Deutschschweiz zwei Schriftsprachen parallel benutzt werden. Die Grenze im Sprachgebrauch, auch wenn sie fliessend ist, verläuft zwischen dem Formellen und Informellen. Dabei ist die schriftliche informelle Kommunikation heute sehr umfangreich. Manche junge Leute, vor allem solche, die mit der Ausbildung fertig sind und beruflich Hochdeutsch kaum brauchen, sagen mir, dass sie allgemein schon mehr Mundart als Hochdeutsch schreiben. Und da ist eine Frage, die schon seit Jahren gestellt wird. 2022 wurde sie in der *NZZ* so formuliert: »Verlernen sie [die Jugendlichen] so nicht, wie man korrekt Standardsprache schreibt?«

7
»Rat für deutschen Rechtschreibung«

2021 hat ein Freund von mir im Kino einen in der Deutschschweiz produzierten Dokumentarfilm angeschaut und dabei in den deutschen Untertiteln etwa 30 Fehler gezählt, worüber er sich fürchterlich aufgeregt hat. Er wollte sogar einen Brief an die Produktion schreiben, hat es dann aber gelassen. Dass die Zahl der Schreibfehler im Hochdeutschen in der Deutschschweiz vor allem bei den jungen Leuten in den letzten Jahren wesentlich gestiegen ist – diese Tatsache kann schon längst niemand mehr übersehen. Viele Bekannte von mir sind sehr empfindlich in dieser Hinsicht, sie sehen Fehler nicht nur bei den Jungen, nicht nur in SMS oder Chats, sondern überall – in YouTube-Kommentaren, in Online-Zeitungen, in offiziellen Mails, in Printmedien. Und wenn in meinem Bekanntenkreis wieder einmal eine Diskussion zum Thema die »heruntergekommene deutsche Rechtschreibung« ausbricht, geben die meisten die Schuld dafür dem Vielschreiben auf Mundart.

Die Verdächtigung der Schriftmundart wäre theoretisch auch aus linguistischer Sicht nicht so ganz grundlos. Als meine Tochter auf Mundart zu schreiben begann, machte ich mir auch Sorgen, wegen der *Interferenz* vor allem. In der Linguistik nennt man so die Erscheinung, bei der Elemente von einer Sprache unbewusst auf eine andere übertragen werden. Dieses Phänomen ist sowohl im Schriftlichen als auch im Mündlichen sehr verbreitet und gut erforscht, und man weiss, dass Interferenzen viel öfter dann vorkommen, wenn Menschen nahverwandte Sprachen benutzen. Das ist auch der Fall bei einer Standardsprache und Dialekten. Als meine Tochter in der Primarschule war, habe ich bei ihr wirklich ein paar derartige Fehler entdeckt, in Wörtern wie etwa *Welt*, *treffen*, oder *trennen*, die sie *Wält*, *träffen* und *trännen* schrieb, so wie in Zürichdeutsch die Wörter *Wält*, *träffe* und *tränne* von ihr ausgesprochen und geschrieben wurden. Doch bis sie ins Gymnasium kam, waren solche Fehler bei ihr verschwunden.

»Die Interferenz-Fehler beim Schreiben betreffen vor allem jene Menschen, welche die Orthographie auch sonst nicht ausreichend beherrschen«, sagte mir 2022 im Gespräch die Linguistin Dr. Karina Frick von der Universität Zürich, die sich mit dem digitalen Schreiben befasst und 2016 als Co-Autorin zu diesem Thema auch ein Buch verfasst hat. Das letzte Forschungsprojekt der Universität zum Thema Schreibkompetenz und neue Medien bei Jugendlichen stammt allerdings aus dem Jahr 2010. »Studien aus den jüngeren Jahren zu Interferenzen liegen nicht vor, es ist möglich, dass solche Fehler heute etwas vermehrt vorkommen, aber wahrscheinlich nicht mal so viel häufiger: Interferenz-Fehler im Schriftdeutschen gab es schon immer und es wird sie immer geben, allein schon, weil manche Laute im Dialekt anders als im Hochdeutschen ausgesprochen werden. Das heisst, Fehler können auch vom Hören kommen. Doch, wie gesagt, das betrifft eine eher kleine Gruppe der Menschen, welche mit der Rechtschreibung auch sonst Probleme haben.« Jedenfalls, meinte Karina Frick, sei das Mundartschreiben für die heutige Situation mit der Rechtschreibung im Hochdeutschen sicher nicht ausschlaggebend. »Sonst würde es zum Beispiel in Deutschland ganz anders aussehen.« In Deutschland wird eben kaum in Dialekten geschrieben, dabei regt sich auch dort die Gesellschaft seit Jahren über die »Rechtschreibkatastrophe« bei den Jungen auf. Langzeitstudien belegen auch, dass sich die Zahl der Fehler bei den deutschen

Grundschülern in den letzten Jahrzehnten fast verdoppelt hat.

Nicht nur bei Jungen und nicht nur in Deutschland und in der Deutschschweiz, überall ist heute der Stand der Orthographie und Interpunktion etwa gleich »heruntergekommen« und überall wird darüber viel diskutiert. Auch Sprachforscher befassen sich seit Langem mit dem Thema.

Schon Anfang der 2000er Jahre, als ich Publikationen zu linguistischen Forschungen zu verfolgen begann, waren einige Sprachforscher in verschiedenen Ländern auf etwas aufmerksam geworden: Die Häufung von Schreibfehlern in SMS und Chats und die rapide wachsende Toleranz ihnen gegenüber. Zu dieser neuen Toleranz hatten Linguisten viele Fragen, zu den Fehlern selber eher weniger, denn man hatte relativ schnell verstanden, warum sie sich so häuften.

Ein Teil der Fehler kam von Menschen, die wirklich nicht wussten, wie die richtige Schreibweise sein sollte. Es gibt halt in jeder Gesellschaft Menschen, die – aus welchen Gründen auch immer – fehlerhaft schreiben. Und es gab sie schon immer, nur war das früher viel weniger sichtbar, denn solche Menschen schrieben in der Regel auch nicht viel. Dazu gelangten ihre Fehler nie an die Öffentlichkeit – früher wurde zum Beispiel jeder Leserbrief vor der Publikation korrigiert. Jetzt schreiben alle nonstop, auch im öffentlichen Internet, und sehr viele Menschen bekommen das zu sehen.

Doch der grössere Teil der Fehler kommt von Menschen, die die Rechtschreibung gut im Griff haben – das sind meistens Tippfehler, die unter Zeitdruck entstehen; man schafft es oft einfach nicht, das Geschriebene durchzulesen und zu korrigieren. Denn beim Simsen und Chatten muss man schnell sein, wir kommunizieren ja in Dialogen in der Realzeit, einem mündlichen Gespräch unbewusst nachstrebend. Und jeder Akt des Schreibens dauert an sich viel länger als das Sprechen, und so kommt es beim »fingered speech« zu einem Clinch: »schnell« vs. »korrekt«. Und das Leben zeigt, dass sehr oft »schnell« gewinnt. Schon vor vielen Jahren mussten Sprachforscher konstatieren: In SMS und Chats werden Fehler in Kauf genommen, die korrekte Verwendung der Sprache, auch auf orthographischer Ebene, steht nicht im Vordergrund. Auch die meisten Mails werden heute auf die Schnelle geschrieben, manche Menschen verwenden sogar am Ende der Mails eine Art Signatur: »Entschuldigung für allfällige Fehler, da von unterwegs geschrieben.«

In den ersten Internet-Jahren (falls sich daran noch jemand erinnern kann) gab es viele Menschen, die die anderen ständig auf ihre Fehler hingewiesen haben. Sie sind inzwischen verstummt. Es war für mich interessant, zu beobachten, wie die Toleranz gegenüber den Fehlern in SMS und Chats, auch in Mails in meinem Bekanntenkreis, wuchs: zuerst bei den Jungen, dann auch bei den Erwachsenen, dann auch bei den Sprachpuristen unter ihnen – das passierte allerdings nur beim informellen Schreiben, unter nahen Bekannten und Freunden. Beim anderen kommunikativen Register, im ganzen Bereich des formellen und offiziellen Schreibens, passierte das viel weniger, da blieb – und das ist wohl für die meisten Menschen weiterhin so – die korrekte Rechtschreibung wichtig. Auch in den Medien, in der Schule etc. gelten heute Fehler im Grunde immer noch als nicht zugelassen.

Doch nur im Grunde – Schreibfehler schleichen sich immer mehr in alle möglichen Bereiche ein. Wie kann es auch anders sein – in den meisten Online- und Printmedien ist das Korrektorat inzwischen reduziert oder ganz weggespart worden, im öffentlichen Internet, wo jeder schreibt, korrigiert heute niemand etwas. Ausserdem schreibt man heute so viele Mails, dass man es oft nicht schafft, sie alle vor dem Abschicken durchzulesen. Und Linguisten in verschiedenen Ländern finden heute das Gleiche, was der Schweizer Sprachwissenschaftler Peter Gallmann 2022 im Interview mit der Neuen Zürcher Zeitung meinte: »Ich würde sagen, die Rechtschreibung hat generell an Bedeutung verloren.« Und als hätte man seine Worte auch gleich veranschaulichen wollen, stand in der Einführung zu seinem Interview: »Sprachprofessor Peter Gallmann vom Rat für Deutschen Rechtschreibung über richtiges Deutsch.« Gedruckt in grossen Buchstaben in der Printausgabe der Zeitung, in der Beilage *Bildung*.

Ob nun jemand solche Fehler als Niedergang der Sprache und der Kultur empfindet oder ob man es gelassener nimmt, aus der Sicht der Wissenschaft ist es einfach ein neues soziolinguistisches Phänomen und eine globale Entwicklung. Es ist zurzeit aber noch schlecht erforscht, vieles weiss man noch nicht so genau. Zum Beispiel weiss niemand, wie gross heute der Anteil der Texte mit Orthographie- und Interpunktionsfehlern ist, die verschiedene Gruppen von Menschen schreiben und lesen, und welche Konsequenzen das eventuell haben könnte.

2021 sprach ich darüber mit Maxim Krongauz,

dem russischen Professor für Linguistik, der sich mit dem digitalen Schreiben seit dessen Anfängen befasst hat. »Die heutige Situation«, sagte er, »hat eine unerwartete Folge: De facto sind unsere streng kodifizierten Schriftsprachen heute nicht mehr so streng kodifiziert. Im Sinne, dass es die festen Standards gibt, nur werden sie in einem grossen Bereich des Schreibens nicht mehr richtig eingehalten. Das bedeutet, dass sehr viele Menschen immer mehr mit der variablen Schreibweise zu tun haben.« »Oh, da liegt das schriftliche Schweizerdeutsch im Trend!«, sagte ich. Das meinte ich natürlich als Witz, die bewegliche Schreibweise des Schweizerdeutschen, das gar keinen Standard hat, ist natürlich noch ein anderes Level der »orthographischen Freiheit«.

Maxim Krongauz befasst sich vor allem mit allgemeinen linguistischen Fragen und vor unserem Gespräch wusste er nichts vom heutigen Mundartschreiben in der Deutschschweiz, obwohl er die Mechanismen der Verschriftlichung der mündlichen Sprache in SMS und Chats als einer der Ersten beschrieben hat. Auch manche Sprachforscher aus Deutschland und anderen Ländern, mit denen ich sprach, wussten das nicht. Es ist zurzeit in allen Sprachen so viel los, man ist mit so vielen neuen

Phänomenen konfrontiert, dass heute kaum jemand den internationalen Überblick hat, das sagten mir in Gesprächen viele Linguisten.

Und so vermute ich, dass in den meisten Universitäten überall auf der Welt die Information über den aktuellen Sprachwandel in der Deutschschweiz noch nicht angekommen ist, und dass dort weiterhin wie früher unterrichtet wird, so, wie ich das vor 40 Jahren studiert hatte. Damals war es aber in der Deutschschweiz eine andere Diglossie gewesen. Diese wurde von vielen Linguisten, auch in Deutschland und in der Schweiz, neben anderen Begriffen auch als *mediale Diglossie* bezeichnet. Bei dieser Klassifikation zieht man die Grenze nach der Schriftlichkeit: Die Standardsprache ist schriftlich – Dialekte sind mündlich. Der Begriff *mediale Diglossie* trifft heute für die Deutschschweiz effektiv nicht mehr zu. »Es ist halt so«, sagte mir Maxim Krongauz, »die Schriftsprachen haben in den letzten Jahren einen so heftigen Wandel durchgemacht, dass viele Sachen, die uns noch vor kurzem als unerschütterlich schienen, einfach nicht mehr stimmen. Und wir wissen nicht, wie das Ganze sich weiterentwickelt. Wie weit geht zum Beispiel die Toleranz für Fehler? Werden eventuell unsere Standards irgendwann aufgeweicht? Wird vielleicht in künftigen Wörterbüchern nicht eine Variante stehen, wie es sein *muss*, sondern mehrere, wie es sein *kann*? … Kommen vielleicht noch irgendwelche neue Technologien, die nochmals alles durcheinanderbringen? Das ist alles offen, heute können wir darüber nur spekulieren.« Ja, man kann es wohl sagen: Linguisten leben heute in sehr spannenden Zeiten.

8
Sprachliches Gnusch

Für die Schweizer Linguisten ist die heutige Situation aus meiner Sicht überhaupt wie ein Sechser im Lotto. Weil die Prozesse, die sie zurzeit live verfolgen und erforschen können, tief in die Sprachsituation in der Deutschschweiz greifen. Mundart ist allgemein auf dem Vormarsch, nicht nur im Schriftlichen, sondern auch im Mündlichen – sie wird immer mehr in Bereichen genutzt, in denen sie noch vor einigen Jahrzehnten weniger zu hören war – in der Kultur, in der Politik, in den Medien, in offiziell-formellen Situationen. Dieser Prozess läuft schon seit längerer Zeit, dabei schleichend, und wohl deswegen fallen mir, einer Zugezogenen, manche Sachen mehr auf als meinen Schweizer Bekannten. Wenn ich jemandem sage, dass bei meiner Ankunft in den 1990er Jahren *Meteo* im Schweizer Fernsehen noch auf Hochdeutsch lief, sind viele erstaunt. (Die Sendung wechselte erst 2005 auf Mundart.)

Zwar lief bereits bei meiner Ankunft in der

Deutschschweiz bei den »gesprochenen Medien« vieles auf Mundart. Nicht nur bei lokalen und privaten Sendern, von denen viele gerade in dieser Zeit neu entstanden, und die alle auf Mundart liefen. Auch im öffentlich-rechtlichen Radio und Fernsehen hörte man viel Mundart – beim Radio war überhaupt nur einer von drei Sendern, das Kultur-Radio DRS2, vorwiegend auf Hochdeutsch. Die Diglossie in der Deutschschweiz war also auch in dieser Hinsicht nicht gerade typisch – in der Regel sind Dialekte keine Mediensprachen, jedenfalls nicht bei den überregionalen Sendern. Davon ausgehend rechnete ich vor meinem Umzug damit, in der Schweiz weiter als Fernsehjournalistin auf Hochdeutsch arbeiten zu können, doch bei vielen Sendungen wäre es für mich nicht mal theoretisch möglich gewesen mitzuarbeiten, da sie entweder ganz auf Schweizerdeutsch waren oder mindestens die Interviewpartner in Mundart sprachen. So arbeitete ich anfangs nur dort, wo ich ohne Schweizerdeutsch auskam, es waren meist Beiträge zu internationalen Kulturthemen, in denen meine Protagonisten Ausländer waren – Kulturredaktionen waren damals ohnehin eine Hochburg der Standardsprache.

Wegen meines Mundart-Handicaps war ich

natürlich schon immer aufmerksam bezüglich dessen gewesen, was sich im SRF in puncto Sprachen abspielte, und konnte beobachten, wie sich manches änderte. So kam 1990 im Schweizer Fernsehen das neue News-Magazin *10 vor 10*, das als erstes unter den Informationssendungen Interviews zu internationalen und überregionalen Themen auf Mundart machte. Im gleichen Jahr startete im Radio die populäre Sendung, die heute *Dini Mundart – Schnabelweid* heisst, und deren Thema ausschliesslich »d Wält vo de Dialäkt vo de Dütschschwiiz« ist. Eine ähnliche Sprach-Sendung für Hochdeutsch gab es nicht und gibt es auch heute im SRF keine.

Heute ist es so, dass sogar in der traditionellen Hochdeutsch-Bastion, den Literatursendungen, Mundart gesprochen wird: 2022 wurde die Literatur-Radiosendung *52 beste Bücher*, die auf Hochdeutsch lief, abgesetzt und durch etwas ähnliches als Podcast ersetzt – *Literaturclub: Zwei mit Buch* –, dabei aber vorwiegend auf Schweizerdeutsch. Die Sprache der Podcasts, der neuen Mediengattung, die in den letzten Jahren beim Publikum sehr populär geworden ist, ist bei SRF fast ausschliesslich Mundart.

Was beim Schweizer Fernsehen sehr verbreitet war und auch heute ist, sind Sendungen, die beide

Sprachen kombinieren. Für solche Sendungen begann ich mit der Zeit, als ich Schweizerdeutsch schon problemlos verstand, zu arbeiten. Dabei sprachen meine Interviewpartner auf Mundart, Kommentare (die von Sprechern gelesen werden) schrieb ich auf Hochdeutsch – das ist das übliche Schema für viele Sendungen. An dieses zweisprachige Muster habe ich mich schnell gewöhnt, empfand es bald als völlig normal, obwohl es international gesehen etwas ganz Spezielles ist – bei ARD, BBC 1 oder France TV ist so etwas nicht denkbar. Meine deutschen Freunde – bei mir in Zürich auf Besuch – wunderten sich immer nicht nur darüber, dass im Fernsehen überhaupt Dialekt gesprochen wurde, sondern noch mehr über solche Sendungen, in denen zuerst der Kommentar in einem Beitrag auf Hochdeutsch lief, dann ein Interview auf Schweizerdeutsch, die Moderation wieder auf Hochdeutsch und dann drehte sich der Moderator zum Studio-Gast und switchte zur Mundart. Da wurde ich immer das Gleiche gefragt: »Wieso überhaupt dieser Mix? Warum nicht alles auf Dialekt, oder alles auf Hochdeutsch?«

Für das Benutzungsprinzip der beiden Sprachen bei SRF interessierte sich das Publikum schon immer in Leserbriefen. So auch die Schweizer Printmedien, die es manchmal »sprachliches Gnusch« und »nicht nachvollziehbares Sprachen-Wirrwarr« nannten. Die SRF-Pressestelle hat dazu schon mehrmals eine Stellung genommen, auch auf meine Anfrage von 2023 bekam ich die gleiche Antwort. Darin hiess es, dass die jeweilige Verwendung der Sprachen in den einzelnen Programm- und Sendungsprofilen geregelt sei, das heisst, es gibt keine strikte allgemeine Regelung. Dabei gibt es eine klare Tendenz: In Interviews und Diskussionen, wird eher Mundart gesprochen. »Deutschschweizerinnen und Deutschschweizer«, so die Pressestelle, »sind in Schweizerdeutsch kompetenter, können sich besser, direkter und differenzierter ausdrücken. Oftmals fühlen sie sich in Mundart sicherer als auf Hochdeutsch. Wenn argumentativ gestritten wird, ist man im Dialekt schlagfertiger, und die Auseinandersetzung ist lebendiger.« Mit der schweizerdeutschen Moderation – hiess es weiter – »soll sich das Publikum direkt angesprochen werden und emotional zu Hause fühlen«.

Trotzdem werden viele Moderationen sowie tendenziell auch die Beitragskommentare in der Standardsprache gehalten. Hochdeutsch, so die Pressestelle, erlaube vor allem »bei Texten, die zuvor schriftlich festgehalten wurden, mehr Präzision«. »Zuvor schriftlich festgehalten« ist ein sehr wichtiger Punkt. Denn ein grosser Teil dessen, was im Fernsehen und Radio zu hören ist – Kommentare in Beiträgen, Moderationen etc. werden, was vielen nicht bewusst ist, zuerst geschrieben. Ihre Sprache ist zwar formal mündlich, doch konzeptionell schriftlich. So ist im Grunde ja auch die traditionelle Aufteilung zwischen den beiden Sprachen in der Deutschschweiz: Mundart wird gesprochen, Standardsprache geschrieben. Bis vor kurzem waren die meisten Deutschschweizer gar nicht geübt, auf Mundart zu schreiben. »Ich habe mein Leben lang alles nur Deutsch geschrieben, das ist meine einzige schriftliche Sprache«, sagte mir vor kurzem der Filmemacher und frühere Fernsehkollege Hans Haldimann. Er hat nicht nur Kommentare immer auf Deutsch geschrieben, er hat auch, wie viele Film- und Fernsehschaffende, immer Mundart-Interviews fürs Arbeitsprotokoll auf Deutsch transkribiert, das heisst übersetzt. Auch SMS schreibt er auch selbst heute noch nur auf Hochdeutsch. »Auf Mundart schreiben, das könnte ich sicher, aber das wäre für mich eine ziemliche Umstellung.«

Von dieser Umstellung erzählten mir auch Kollegen, die fürs Radio und Fernsehen auf Schweizerdeutsch texten. Sie alle haben sich das einst selber durch »Learnig by Doing« beigebracht. Dabei sagten mir die meisten, das sei ihnen nicht schwergefallen. Heute kenne ich mehr Kollegen, die immer öfters für neue Formate wie Podcasts oder kurze Beiträge auf Social Media auf Mundart texten müssen.

Was die Informationssendungen, wie Nachrichten und einzelne Hintergrundsendungen, bei SRF betrifft, so werden die meisten nicht nur auf Hochdeutsch moderiert, sondern auch die Interviewpartner sprechen so. »Wir gehen davon aus«, so die SRF-Pressestelle, »dass sich da auch viele Einwohnerinnen und Einwohner der Deutschschweiz zuschalten, welche Mundart nicht oder nicht sehr gut verstehen.« Die Sprachregelung bei SRF ist also recht kompliziert und für das Publikum oft nicht zu durchschauen.

Für mich persönlich war die Sprachenbenutzung bei SRF immer zumindest verständlich. Ich sah sie immer als ein Balancieren zwischen Schweizerdeutsch und Hochdeutsch – zwischen einer mündlichen und einer schriftlichen Sprache, zwischen einer traditionell »informellen« und einer »offiziell-formellen« Sprache, und zwischen zwei widersprüchlichen

Bestrebungen: Einerseits durch Hochdeutsch »inklusiv« und für möglichst viele Menschen verständlich zu sein, und andererseits Mundart zu benutzen, die für die Deutschschweizer zur Identität gehört und in der sie »sich emotional zu Hause fühlen«.

Wie das in der Praxis aussieht, kenne ich aus eigener Erfahrung. Ich musste bei meiner Arbeit auch schon solche Entscheide treffen. So drehte ich 2012 für die *Sternstunden*-Redaktion von SRF einen Dokumentarfilm über Sophie Taeuber Arp. Die Sprache von Kunstdokumentarfilmen war meistens sowieso Hochdeutsch, mein Film war auch für das deutsche Publikum gedacht und wurde von 3sat mitproduziert – also gaben alle Deutschschweizer Protagonisten Interviews auf Hochdeutsch. Am Schluss musste ich aber eine Szene im Aargauer Kunsthaus filmen, welches gerade die grosse Retrospektive zu Sophie Taeuber Arp plante. In dieser Szene sollten Kunstwerke der Künstlerin aus dem Museumsdepot geholt und vor der Kamera ausgepackt werden. Der Kurator der Ausstellung, Thomas Schmutz, und die Museumsdirektorin Madeleine Schuppli sollten sie zusammen anschauen und ihre Überlegungen zum Konzept der Ausstellung austauschen. Nach langer Vorbereitung waren wir endlich soweit: Kamera positioniert,

Licht aufgestellt, Tonmann in richtiger Stellung, und da schauten die beiden Kunsthistoriker mich plötzlich an und fragten: »In welcher Sprache sollen wir eigentlich reden? Auf Deutsch wäre für uns völlig unnatürlich ... Wir sprechen miteinander immer nur Mundart, auch über Fachliches.« Ich entschied mich spontan und auf eigene Faust für Mundart. Die zuständige Redaktorin fand dann meinen Entscheid gut, obwohl er uns mehr Arbeit und Kosten verursachte: Für 3sat mussten wir eine Extra-Version herstellen, in der diese Szene für das deutsche Publikum mit einer Overvoice-Übersetzung auf Hochdeutsch versehen wurde.

Die Zweisprachigkeit von Radio und Fernsehen in der Schweiz finde ich in einer Hinsicht besonders interessant. Medien haben bekanntlich einen sehr grossen Einfluss auf den Sprachgebrauch in der Gesellschaft. Und was Dialekte betrifft, so gilt in der Linguistik das Aufkommen der mündlichen Medien – des Rundfunks und des Fernsehens – im 20. Jahrhundert als einer der wichtigsten Faktoren, der in den meisten Ländern zur Ausbreitung der Standardsprachen und zum Schwinden der Dialekte beitrug. Fernsehen und Radio, die immer Standardsprache verwendeten, brachten diese allen Menschen direkt ins Haus, schufen den tagtäglichen Kontakt damit, auch bei solchen Menschen, die vorher nur wenig mit ihr zu tun hatten. So wurde nicht nur der Standard viel leichter gelernt; Dialekte, die in den neuen Medien gar nicht präsent waren, verloren dadurch noch mehr an ihrem sozialen Prestige.

In der Deutschschweiz benutzten dagegen Radio und Fernsehen schon sehr früh Dialekt, und damit stärkten sie im Grunde dessen Position: Sie erweiterten seinen Verwendungsbereich über die traditionelle private Kommunikation hinaus, etablierten ihn als Mediensprache, und steigerten den sogenannten »Öffentlichkeitsgrad« der Mundart.

Die Ausweitung vom Schweizerdeutschen im Mündlichen über die traditionellen Grenzen wurde noch durch etwas anderes gefördert: durch die sogenannte Kommunikations-Informalisierung. Das ist ein globales Phänomen, das bereits nach der Jugendrevolution von 1968 begonnen hatte. Die Rebellion gegen das Autoritäre und Hierarchische brachte weltweit einen neuen, viel weniger formellen Kommunikationsstil mit sich, was sich in der Sprache spiegelte. Im deutschsprachigen Raum begann sich zum Beispiel das Duzen stark auszubreiten. Und in der Deutschschweiz noch zusätzlich die Mundart. »Schweizerdeutsch ist die Sprache des Informellen«, sagt Linguistin Helen Christen. »Und mit dem Schwinden des Formellen, auch aus Kultur, Politik und Medien seit den 1960er Jahren, begann man auch dort, mehr Schweizerdeutsch zu sprechen. In den Schulen zum Beispiel, wenn es nicht gerade um den Lernstoff ging, auch bei offiziellen Anlässen, in verschiedenen Institutionen.« 2019 erzählte der damalige Luzerner Staatsschreiber Lukas Gresch in einem SRF-Interview, dass im Luzerner Kantonsrat, wo heute in beiden Sprachen debattiert wird, früher alle Hochdeutsch gesprochen hätten, bis 1975, als Vertreter der linken Partei POCH in den Kantonsrat kamen. »Sie zogen sich extra anders an und sprachen Dialekt – aus Protest gegen die Institution.« »Mundartsprechen als Protest«, kommentierte der SRF-Korrespondent Christian Schmutz. »Heute fiele das wohl niemandem mehr ein. Zu sehr hat die Mundart sich etabliert. Kaum jemand würde einen Bundesrat in Standarddeutsch ansprechen.«

Eine weitere Welle der Kommunikations-Informalisierung, die mit den neuen Medien und vor allem mit dem Internet einherging, wo »alle mit allen« ohne jegliche Hierarchien kommunizieren, läuft weiterhin – so sehen es zumindest viele Sprachforscher. »Jetzt haben wir auch die neue informelle Schriftlichkeit auf Mundart«, sagt die Linguistin Helen Christen.

Nun steht heute Schweizerdeutsch im Mündlichen wie im Schriftlichen an einem anderen Punkt als noch vor 30 Jahren, als ich in die Schweiz kam. Das ist mein persönlicher Zeitrahmen, der es mir einfacher macht, bestimmte Entwicklungen und Unterschiede zu sehen. Und sie fallen mir bis heute immer noch auf, wenn sie mir zu Ohren kommen. Wenn mir zum Beispiel eine ältere, nur auf Hochdeutsch schreibende Autorin erzählt, dass sie bei der literarischen Lesung zu ihrem neuen Buch zum ersten Mal in ihrem Leben mit dem Publikum auf Mundart gesprochen hat. Oder wenn ich erfahre – das geschah in den letzten Jahren ein paarmal –, dass manche Kantonsräte die Idee des Sprachwechsels vom Hochdeutschen zum Schweizerdeutschen diskutieren. In allen diesen Fällen wurde die Idee abgelehnt, aber laut Medien debattieren mehr als die Hälfte aller kantonalen Parlamente heute auf Mundart, in manchen benutzt man beide Sprachen. Dabei ist Schweizerdeutsch in der Schweiz keine offizielle Amtssprache.

Was ich an der heutigen Entwicklung vom Schweizerdeutschen auch noch sehr interessant finde: Sie läuft in die entgegengesetzte Richtung als die der meisten Dialekte weltweit. Während des 20. Jahrhunderts sind sie fast überall sehr stark zurückgegangen, so wie in der französischsprachigen Schweiz zum Beispiel. Viele Dialekte sind weltweit sogar schon so gut wie verschwunden. Das hat viele Gründe: Urbanisierung, die Ausbreitung von Radio und Fernsehen, gestiegenes Bildungsniveau, mobile Lebensweise – viele Menschen leben nicht dort, wo sie aufgewachsen sind, Dialekte werden oft zu einem Verständigungshindernis.

In manchen Ländern, auch in Deutschland, hat in den 1960/70er Jahren noch zusätzlich die sogenannte »Sprachbarrieren-Debatte« stark zum Schwinden der Dialekte beigetragen. Eine der Thesen dieser wissenschaftlichen und öffentlichen Diskussion besagte, dass Kinder, die die Standardsprache nicht gut beherrschen, in der Entwicklung benachteiligt seien und schlechtere Bildungschancen hätten. In der Folge hörten viele Eltern in Deutschland auf, mit den Kindern Dialekt zu sprechen. Wie das im Alltag ablief, erzählte mir Professor Alexander Werth von der Universität Passau, der in einer Plattdeutsch-Region aufgewachsen ist: »Als ich Kind war, wechselte zum Beispiel mein Grossvater, sobald er den

Raum betrat, wo ich war, immer auf Hochdeutsch. Ich wusste nicht einmal, dass mein Opa Plattdeutsch konnte.«

So ist die Zahl der jungen Leute in Deutschland, die heute einen Dialekt nicht nur verstehen, sondern auch selbst aktiv benutzen, stark zurückgegangen, und das spielt eine ausschlaggebende Rolle für die Zukunft. »Die jungen Leute«, sagt Alexander Werth, »die 18- bis 29-Jährigen, haben heute kaum mehr eine aktive Dialektkompetenz. Wenn diese Generation jetzt Kinder bekommt, wird ihre Zahl noch geringer. Und wenn die Generation wiederum Kinder bekommt, wird die Zahl noch niedriger und irgendwann wird sie bei Null landen. Denn nur jene Menschen, die Dialekte selbst aktiv benutzen, können sie an ihre Kinder weitergeben. Wenn es so wie heute weitergeht, werden die Dialekte in Deutschland in ein paar Generationen so gut wie ausgestorben sein.«

Das droht dem Schweizerdeutschen nun wirklich nicht. Im Gegenteil, die Linguisten sprechen von seinem »andauernden Erstarken«. Doch was bedeutet das? Ändert sich dadurch die ganze Sprachen-Konstellation in der Deutschschweiz?

9
»Ich kann nicht höher«

»›Ich auf‹? Was heisst das?« Wir standen mit einem Freund aus Berlin in Zürich in einem Coop neben den Kassen und er versuchte die grosse Aufschrift an der Wand laut zu lesen:

> »VILLE DANK FÜR IHRE ICHAUF
> UF WIEDERLUEGE«

Beim »ICHAUF« stolperte mein Freund und machte daraus »ich auf«. An der gegenüberliegenden Wand war eine weitere Aufschrift in einer anderen Schreibweise angebracht – »Danke für Ihre Iichauf.« Und neben den Kassen hingen die Tragtaschen mit der Käse-Werbung drauf: »Chli stinke muess es« – das Einzige, was auf grossen Schildern im Raum sonst zu lesen war, war »Recyclingstation«.

Schon fünf Minuten später standen wir mit meinem Freund vor einem Café, und an der Tafel davor war das Menü auf Hochdeutsch zu lesen und zusätzlich daneben: »Zmittag bii eus … Feini warmi Gricht, da häts für jede öppis guets!« Das war 2023 und da war die vermehrte Präsenz vom Schweizerdeutschen in fast allen Bereichen schon längst nicht mehr zu übersehen. In den Jahren davor waren seine Sichtbarkeit und Wahrnehmbarkeit um einiges gestiegen.

»Heisst das, dass Hochdeutsch heute weniger benutzt wird?«, fragte ich Lingustin Helen Christen.

»Ja und nein. Im Mündlichen ist die Mundart in immer mehr verschiedene Bereiche, zum Beispiel ins Radio und Fernsehen, eingedrungen und hat dort dem Hochdeutschen ein bisschen Platz weggenommen. Aber man konsumiert weiterhin – und das mehr als früher – deutsche und österreichische Medien. Ausserdem leben in der Deutschschweiz inzwischen mehr Menschen, die Mundart weder verstehen noch sprechen, und ganz viele Deutschschweizer haben in der Zwischenzeit reale Face-to-Face-Kontakte mit solchen Menschen. So ist wahrscheinlich – ich behaupte das jetzt mal – die Zahl der Deutschschweizer, die heute Hochdeutsch hören und selbst sprechen, grösser geworden.«

Was das Schriftliche angeht, so wurde hier,

meint Helen Christen, dem Hochdeutschen so gut wie kein Platz weggenommen. Denn der Hauptbereich der Mundart ist die informelle schriftliche Kommunikation via SMS, Chats, Social Media, etc. »Das sind neue, zusätzliche Kommunikationskanäle, die es früher gar nicht gegeben hat«, sagt Helen Christen. »Unsere Welt ist vielfältiger geworden, wir haben heute unterschiedliche Schriftlichkeiten. Dabei bleibt *die* Schriftsprache ganz klar das Hochdeutsche, daran hat sich nichts geändert – in Dokumenten, in den Zeitungen, beim offiziellen Briefwechsel, in der Ausbildung usw. verwendet man weiterhin Standardsprache.« Dass man heute geschriebene Mundart im öffentlichen Raum immer öfters sehe, oder in Zeitungen in Zitaten und einzelnen Ausdrücken, habe damit zu tun, dass Schweizerdeutsch als praktikables Stilmittel verwendet werde, meint Helen Christen: »Mit geschriebenem Dialekt können bestimmte Effekte erzeugt werden. Die Konnotationen nämlich, die mit Dialekt einhergehen, können aufgerufen werden.«

Die Konnotationen, die mitschwingenden Nebenbedeutungen eines Wortes oder einer Sprache, all die sozialen, emotionalen oder benutzungsbedingten Zusatzinhalte, sind ausgesprochen wichtig, sie prägen immer und überall stark den Sprachgebrauch. Was die wichtigsten Konnotationen vom Schweizerdeutschen sind, lässt sich sehr einfach aus dessen Benutzungsart verstehen. Mundart signalisiert das Informelle, die persönliche Nähe, die Zusammengehörigkeit, auch die nationale – Mundart gilt als einer der wichtigsten Identitätsfaktoren für die Deutschschweizer. Und so, will man Menschen nicht so förmlich-formell, sondern direkter und persönlicher ansprechen, will man authentischer, emotionaler oder expressiver sein, dann kann man das schon mit wenigen Worten auf Mundart erreichen.

Das fiel mir besonders am Anfang der Pandemie und des Lockdowns auf. Als alle sich bedroht und betroffen fühlten, als es um Zusammenhalt ging, da wurde plötzlich viel mehr auf Schweizerdeutsch geschrieben. Überall waren die Hashtags zu sehen: #*zämestah* und #*zämedure*, auf Polizeiautos #*BliibDraa*, und auf der Webseite der Stadt Zürich #*BliibDihei*, sowie an den Tafeln von geschlossenen Cafés »Sorry, gäll! Mer gsehnd eus bald wieder!« Auch in beinahe jeder beruflichen Mail, die ich bekam, standen ein paar Worte auf Mundart. Für mich persönlich steckte in ihnen eben noch etwas mehr – es war auch ein Zeichen, dass ich »dazugehöre«.

Das »Dazugehören« ist auch eine wichtige Konnotation der Mundart, vor allem für junge Menschen mit Migrationshintergrund, die hier aufwachsen. Das erste Mal bekam ich das in den 2010er Jahren im Gespräch mit einer Studentin mit. Sie war in Bosnien geboren und als Kind in die Schweiz gekommen, sprach inzwischen aber perfekt Schweizerdeutsch. Sie erzählte mir, was ihr manchmal passierte: Wenn jemand zum Beispiel als Erstes ihren Namen sah oder hörte, begann man mit ihr auf Hochdeutsch zu sprechen, und dann fühlte sie sich immer verletzt und empfand das als Ausgrenzung. Sie war auch davon überzeugt, dass das beabsichtigt war. »Macht man das nicht vielleicht aus Rücksicht, weil man denkt, du könntest eventuell Mundart nicht verstehen?«, fragte ich sie. »Auch wenn, das trifft mich immer.«

Von dieser Empfindlichkeit erzählten mir später auch einige andere junge Menschen mit Migrationshintergrund, vor allem solche, die »anders« aussahen. Ein junger Mann, der in Zürich aufgewachsen war und dessen Mutter aus der Schweiz und dessen Vater aus Afrika stammte, sagte mir, in manchen Situationen sei Deutsch wie ein Schlag ins Gesicht für ihn.

»Warum?«, fragte ich.

»Das zeigt mir halt, dass die anderen mich

als einen Fremden sehen – und ich fühle mich als Schweizer.«

Dass es Schweizerdeutsch ist und nicht Hochdeutsch, das solche jungen Menschen in ihren eigenen Augen zu »Schweizern« macht, dass es die eigentliche Integrationssprache ist, das war mir vor diesen Gesprächen nicht bewusst. Auch nicht, wie viel die Sprachwahl in Menschen auslösen kann. Obwohl ich von der Uni theoretisch wusste, dass sie in den mehrsprachigen Gesellschaften auch ein wichtiges Kommunikationsinstrument ist: *Who speaks what language to whom and when* – diese Formel aus der Soziolinguistik beschreibt das sehr genau.

Die Konnotationen bestimmen nicht nur die situative Sprachwahl, sie prägen auch das Verhältnis zu den Sprachen und schliesslich auch deren Stellenwert bei den Menschen. Dass das Verhältnis zu Mundart und zu Hochdeutsch nicht gleich war, das merkte ich ziemlich schnell, doch es dauerte lange, bis ich verstehen konnte, wie die Menschen genau zu den beiden Sprachen standen. Erstens war das von Mensch zu Mensch sehr unterschiedlich und zweitens war das Ganze so vielschichtig, so komplex, da gab es dermassen viele Nuancen, Ambivalenzen und, wie es mir schien, Widersprüche.

Es begann schon mit meinem Versuch, herauszufinden, ob Deutschschweizer beide Sprachen als Muttersprache empfinden. Beim Dialekt war es mindestens in diesem Punkt ganz klar – ausnahmslos alle sagten, es sei ihre Muttersprache. Mit dem Hochdeutschen war es schon viel komplizierter. Alle nannten es einfach nur Deutsch oder Schriftdeutsch (was ich anfangs immer falsch als ausschliesslich schriftliches Deutsch verstand) und auf die Frage, ob es die Muttersprache sei, darauf bekam ich sehr unterschiedliche Antworten: »Ja, aber nur für das Schriftliche«, »Jein, nicht so ganz, ich bin im Schriftdeutsch weniger zu Hause, es ist mir weniger nah.« »Nein, das ist eine gelernte Sprache, wir beginnen damit erst richtig in der Schule.« Nur ganz selten habe ich etwas gehört wie das, was ich später in einem Interview mit dem Germanisten Peter von Matt las: »Unsere Muttersprache ist Deutsch in zwei Gestalten: Dialekt und Hochdeutsch, und zwar so selbstverständlich und von früher Kindheit an, wie das Fahrrad zwei Räder hat.«

In praktisch allen Gesprächen über das Hochdeutsche kam man unweigerlich auf einen Punkt zu sprechen, den einige meiner Bekannten mit Humor nahmen, mit dem sich jedoch viele ziemlich schwertaten.

Später sagte mir die Linguistin Dr. Karina Frick dazu: »Wir SchweizerInnen haben sehr häufig so ein bisschen eine schwierige Einstellung zum Hochdeutschen, weil wir das Gefühl haben, wir könnten das halt nicht so gut, das klingt immer ein bisschen schlechter.« Das war es auch, was ich von meinen Bekannten in verschiedensten Varianten hörte. Und wenn ich fragte »Schlechter als wer?«, hiess es: »Schlechter als die Deutschen.« Man erzählte mir auch oft die berühmte Geschichte über Friedrich Dürrenmatt, der einmal in Deutschland eine Rede auf Hochdeutsch hielt und aus dem Publikum aufgefordert wurde, Hochdeutsch zu sprechen. Worauf er antwortete: »Ich kann nicht höher!«

Diesen Punkt wollte ich genauer verstehen. Erst einmal, weil ich als »Monolingua« so ein »kompliziertes« Verhältnis zur eigenen Sprache gar nicht kannte und nicht nachempfinden konnte. Und ausserdem wollte ich mir darüber klar werden, wie die Situation in Zukunft für meine damals noch kleine Tochter sein würde. Deshalb habe ich meine Kenntnisse über Diglossien und den gesellschaftlichen Bilinguismus aufgefrischt und noch einiges zum Thema zusätzlich nachgelesen.

Wie fast alles in der Linguistik wird auch der gesellschaftliche Bilinguismus von verschiedenen

Sprachforschern sehr unterschiedlich beschrieben und nach verschiedenen Kriterien klassifiziert, dementsprechend gibt es da viele unterschiedliche Begriffe. Ich stütze mich auf jene, die mir am meisten halfen, die Situation zu verstehen, wie der Begriff *Asymmetrie in der Sprachbeherrschung*. Solche Asymmetrie soll laut Studien für mehrsprachige Gesellschaften gerade typisch sein. Man beherrsche in solchen Gesellschaften die Sprachen unterschiedlich – abhängig davon, in welchem Alter und auf welche Weise man sie lernt, sowie auch abhängig von den Bereichen, in denen man sie verwendet und vor allem von der Art und Weise, *wie* man sie verwendet. Da ist es zum Beispiel wichtig, ob die Sprachen nur gesprochen oder auch geschrieben werden, ob die Sprachen mehr *passiv (rezeptiv)* – beim Hören/Lesen, oder mehr *aktiv (produktiv)* – beim Sprechen/Schreiben benutzt werden.

Nach so einer Asymmetrie in der Sprachbeherrschung sah es für mich in der Deutschschweiz aus. In Hochdeutsch haben alle geschrieben und so wurde das eigene schriftliche »Schriftdeutsch« von niemandem bemängelt – meine Journalistenkollegen publizierten ja auch mit Erfolg in Deutschland, bekamen dort Stellenangebote in führenden Printmedien und erhielten Preise für ihre Bücher. Wenn ich genauer fragte, bezog sich dieses »nicht so gut können« immer nur auf das mündliche Hochdeutsch, und zwar nur auf das Sprechen.

Und gesprochen hat man vorwiegend Mundart, das war auch für mich unüberhörbar. Sogar die Menschen, die beruflich mit Hochdeutsch viel zu tun hatten, sagten mir meistens, dass sie summa summarum »eindeutig mehr« Mundart als Hochdeutsch sprächen. Einmal fragte ich einen jungen Lokaljournalisten, der alle Sendungen auf Mundart machte, wie oft er überhaupt Hochdeutsch spreche. Er überlegte: »So richtig regelmässig – einmal in der Woche, an der Uni«. (Er arbeitete noch an seiner Masterarbeit.) In einem Artikel las ich, dass ein Teil der Deutschschweizer nach dem Abschluss der Schule oder der Ausbildung eher selten, jedenfalls bei weitem nicht täglich, zum Hochdeutsch-Sprechen käme. Und »Selber-Sprechen« und »Beim-Hören-Verstehen«, diese *produktiven* und *rezeptiven Sprachkompetenzen* sind bekanntlich zwei verschiedene Paar Schuhe. Sie unterstützen zwar einander, aber – grob gesagt – wie »fit« die produktive Sprachkompetenz (des aktiven Hochdeutsch-Sprechens) ist, ist abhängig davon, wie oft davon Gebrauch gemacht wird.

Und das fiel mir schon in meinen ersten Schweizer Jahren auf: Wenn ich etwa in einer Runde von Bekannten sagte, ich verstehe Mundart, und alle von Hochdeutsch zum Schweizerdeutsch wechselten, begann oft ein anderes Gespräch – alle wurden freier und eloquenter, schneller und ausdrucksstärker, witziger und emotionaler – sie wurden wie auf Knopfdruck zu recht anderen Menschen. Gerade deshalb führt man auch im Radio und Fernsehen Interviews tendenziell eher in Mundart, denn alle wissen, dass viele, vor allem beim spontan Sprechen, im Schweizerdeutschen stärker sind. Und trotzdem, in jenen endlosen Diskussionen sagte mir kaum jemand »Wir sprechen Schweizerdeutsch besser als Hochdeutsch«, sondern immer »Schriftdeutsch sprechen wir schlechter«. Und das immer gemessen an den Deutschen. Aus linguistischer Sicht ist das aber ein irrelevanter Vergleich, denn jene Deutschen, an denen man sich gerade misst, sprechen meist nur eine Sprache. Für sie ist Hochdeutsch auch die Alltagssprache, die sie von morgens bis abends in allen Bereichen des Lebens benutzen. »Ihr wollt doch nicht untereinander von morgens bis abends, auch mit Freunden und Kindern, immer Hochdeutsch reden?!«, fragte ich immer. »Aber«, sagte mir dann einmal ein Freund, »weisst du, wir haben trotzdem den Anspruch, Schriftdeutsch gleich gut sprechen wie schreiben zu können.« Und nach kurzem Überlegen: »Das ist doch unsere offizielle Landessprache.«

Aus all diesen Gesprächen wurde mir vor allem eines klar: Ich wollte nicht, dass meine Tochter mit einer »schwierigen Einstellung« zum Hochdeutschen aufwächst und schon gar nicht, dass sie auf die Idee kommt, sich an Deutschen zu messen. Deshalb hielt ich ihr, als sie ein bisschen älter wurde, einen Mini-Vortrag, in dem ich ihr – kindergerecht – die Sprachsituation in der Deutschschweiz aus meiner Sicht darlegte. Im Gegenteil zu vielen anderen Ländern und Gegenden, sagte ich ihr, sind die Menschen in der Deutschschweiz bilingual, man spricht hier also nicht in einer, sondern in zwei Sprachen. Dabei spricht man viel mehr Schweizerdeutsch, weshalb du, sagte ich meiner Tochter, sicher im Mundart-Sprechen geübter und stärker sein wirst als im Hochdeutsch-Sprechen. Das ist normal, das ist durch die Art bestimmt, wie die beiden Sprachen benutzt werden. Und was die Aussprache betrifft, so klingt das Deutschschweizer Hochdeutsch nicht weniger »hoch« oder »schlechter«, sondern »anders«. Das ist auch normal. Die Schweiz ist ein eigenes Land und es ist somit eine völlig berechtigte Aussprache-Variante.

Es ist bei meiner Tochter dann ganz anders gekommen. Ich liess mich nach zehn Jahren scheiden und danach war ich noch öfters in Deutschland. Meine Tochter war schon früh viel mit meinen deutschen Freunden zusammen, auch mit deren Kindern. Sie sprach viel Hochdeutsch, wurde schnell »fit« darin und bekam auch eine deutsche Aussprache. Genauer, sie beherrschte zwei – die Deutsche und die Deutschschweizer Aussprach-Variante – die sie, je nachdem, wo und mit wem sie zusammen war – einsetzte. Jetzt lebt sie seit fast zehn Jahren in Berlin. Wenn sie in die Schweiz kommt, bin ich mit ihr nie zusammen in Situationen, in denen sie auf Hochdeutsch wechseln muss. Und so fragte ich sie kürzlich, ob sie die Schweizer Aussprache nicht inzwischen abgelegt habe. »Natürlich nicht! Was denkst du, ich komme doch nicht nach Zürich und beginne hier, wie eine Deutsche zu sprechen.«

Dass die deutsche Aussprache stark als »deutsch« konnotiert ist und die Schweizer Aussprache zur Identität der Deutschschweizer gehört, das war überhaupt etwas vom Ersten, was ich über die beiden Sprachen gelernt habe. Bald nachdem ich in die Schweiz gekommen war, erzählten mir meine Kollegen, – die Geschichte war damals frisch – dass das Schweizer Fernsehen einen Nachrichten-Moderator mit deutscher Aussprache einsetze. Es kam zu einer solchen Reklamationsflut, im Sinne von »Wir sind hier in der Schweiz, nicht in Deutschland!«, dass man den Moderator ersetzte.

Vielleicht – das weiss ich nicht – musste der Moderator nur umlernen. So wie Anna-Lisa Achtermann das machen musste. Sie moderiert bei Radio SRF Newssendungen in Hochdeutsch, ist Walliserin, doch ursprünglich Deutsche, und bevor sie zum Radio kam, sprach sie nur »deutsches« Hochdeutsch. Bei Radio SRF musste sie, da dies die Vorgaben sind, die Deutschschweizer Aussprache lernen. Davon erzählte sie 2023 in einem TikTok-Video und löste damit in den Medien eine richtige Diskussion aus. »Moderatorin spricht perfekt Hochdeutsch – das passt ihren Chefs gar nicht«, schrieben die Zeitungen. Man nannte ihre deutsche Aussprache auch »akzentfrei« und der Tagesanzeiger schrieb: »Sie musste sich das raue Schweizer Hochdeutsch erst antrainieren.«

Solche öffentlichen Diskussionen zum Thema »Hochdeutsch – Mundart«, erlebte ich schon einige.

Die erste war 2011, ausgelöst von der Kindergarteninitiative, als manche Kantone Schweizerdeutsch zur Pflichtsprache in Kindergärten machen wollten. Da wurde in den Medien hitzig gestritten: Die Mundart-Verteidiger sprachen von der »Fremdsprache Schriftdeutsch«, von der Mundart als »unserer Sprache« und als »Sprache des Herzens«. Die Hochdeutsch-Verteidiger sprachen vom »Dialekt-Wahn«, appellierten an Frisch und Dürrenmatt, an das gemeinsame deutschsprachige Kulturerbe und prophezeiten die geistige Provinzialisierung, wenn man Hochdeutsch vernachlässige.

2019 gab dann die junge Skirennfahrerin Corinne Suter dem Österreichischen Fernsehen zwei Interviews auf Schweizerdeutsch, die im ORF mit Untertiteln gezeigt wurden. »Es tönt schon etwas künstlich«, erklärte die Sportlerin ihre Sprachwahl, »wenn Schweizer Hochdeutsch sprechen.« Da gab es wieder sehr unterschiedliche Reaktionen. »Mit einem neuen Selbstbewusstsein sprechen Schweizer Mundart« – schrieb die Zeitung 20 Minuten. Manche Leser der Zeitung fanden es aber peinlich: »Sie schämt sich halt für ihr Deutsch!« Die anderen wiederum waren von ihrer »mutigen Tat« begeistert.

2022 wurde dann im SRF zum ersten Mal

Schwingen auf Mundart kommentiert und das löste in den Medien wiederum eine Diskussion aus, ob man das auch bei anderen Sportarten machen sollte. Auch da schieden sich wieder die Geister. Die Hochdeutsch-Verteidiger argumentierten damit, dass viele in der Schweiz Mundart nicht verstehen – Romands und Tessiner, Menschen mit Migrationshintergrund oder Expats, die hier arbeiten und leben. Der langjährige Sportreporter Beni Thurnheer sagte in einem Interview: »SRF ist der einzige Sender der Welt, der eine Mundart-Kommentierung machen könnte. Das ist ein Killerargument zur Bewahrung unseres Kulturguts. Warum also nicht? Heute sehe ich Argumente dafür und dagegen.«

Übrigens, die Diskussion über die Benutzung und den Stellenwert der beiden Sprachen flammt in der Deutschschweiz schon seit dem 19. Jahrhundert immer wieder auf. Einen Konsens in dieser Frage gibt es bis heute nicht, und so bleibt der »Status der Beziehung« mit dem Hochdeutschen weiterhin, wie es auf Facebook heisst, »complicated«.

10
Eine »primitive« Sprache

Doch auch mit Schweizerdeutsch ist nicht alles so einfach. Als 2012 in der NZZ mein Artikel über die Ausbreitung des Mundartschreibens erschien, sagte mir eine Bekannte: »Schau, dass du nicht den Applaus von der falschen Seite bekommst.«

»Von welcher Seite?«

»Von den SVP-lern.«

Das hatte ich schon vorher am Rande mitbekommen: Das Verhältnis zum Schweizerdeutschen war – wenn auch bei weitem nicht bei allen – auch noch politisiert. Dies hängt unter anderem mit der Tatsache zusammen, dass ein Teil der Menschen in der Deutschschweiz, welche Mundart nicht verstehen, einen Migrationshintergrund haben. Gerade vor kurzem habe ich so eine Geschichte gehört: In einer medizinischen Fachhochschule hielt die Lehrerin – eine Hebamme – die Vorlesung auf Schweizerdeutsch, und unter 30 Studentinnen war eine mit Migrationshintergrund, die sie nicht verstand. Sie bat die Lehrerin, auf Hochdeutsch zu wechseln, was diese aber nicht tat. Die Menschen, welche mir solche Geschichten erzählen, bezichtigen oft Menschen wie jene Hebamme der Fremdenfeindlichkeit, der bewussten Benutzung der Mundart zur Ausgrenzung und Diskriminierung. Und sie ordnen solche Menschen dem rechten politischen Lager zu – wo »alle sowieso gegen Ausländer« seien.

Auf der anderen Seite habe ich nicht selten gehört, dass durch Mundart die Deutschschweizer selber »ausgegrenzt« und »eingeengt« werden, und dass Mundart den »Röschtigraben« noch tiefer mache. Man sagte mir, Deutsch verstehen viele auf der Welt, »Schweizerdeutsch aber nur wir – wir wollen uns doch nicht von der Welt abschotten«. Deshalb waren manche meiner Bekannten anfangs auch gegen Mundart-SMS – sie meinten, wenn man jetzt noch mehr Schweizerdeutsch benutze, kippe die Balance zwischen den Sprachen noch mehr zu Gunsten der Mundart.

2014 publizierte das Bundesamt für Statistik das Dokument »Schweizerdeutsch und Hochdeutsch in der Schweiz«, in dem Daten aus der Erhebung zur Sprache analysiert wurden. Unter anderem ging das Dokument auf das »andauernde Erstarken der

Mundart« ein: »In sprachpolitischen Debatten lässt sich ein ambivalentes Verhältnis zum Schweizerdeutschen ausmachen: Es gilt einerseits als identitätsstiftende Sprache der Deutschschweiz, andererseits wird die Ausweitung des Mundartgebrauchs auch als Gefahr für die Verständigung mit den anderen Sprachgruppen und damit für die nationale Kohäsion sowie als Trend zu Abschottung und Provinzialismus interpretiert.«

Es gibt aber noch einen ganz anderen Aspekt im Verhältnis zum Schweizerdeutschen, von dem ich auch bereits in meinen allerersten Schweizer Jahren gehört habe. Als meine Freunde mich über Mundart aufklärten, sagte manchmal jemand in der Runde, dass sich über anspruchsvollere Themen, wie zum Beispiel bei einer philosophischen Diskussion, nicht gut auf Schweizerdeutsch sprechen liesse. Es würden die »Wörter fehlen«, die Grammatik würde »nicht ausreichen«. Da widersprachen sofort die anderen in der Runde und alle begannen, wie immer, zu streiten.

So etwas höre ich auch heute noch immer wieder. So machte vor ein paar Jahren Hazel Brugger in einem ihrer Auftritte Witze darüber, dass Schweizerdeutsch sich nicht dafür eigne, »komplexe Gedanken« auszudrücken, da es »nur zwei Fälle« und »nur zwei Zeitformen« habe. Und 2022 erklärte der ehemalige Sportreporter Beni Thurnheer in einem Interview, warum er selbst Spiele immer auf Hochdeutsch kommentiert hatte: »Schweizerdeutsch ist eine sehr einfache Sprache, ohne zu werten, würde ich sogar sagen ›primitiv‹. Da gibt es keine Nebensätze, keine Vorvergangenheit. Wenn es hoch zu und her geht, reicht das nicht aus. Du brauchst als Kommentator mehrere Zeitebenen, auf denen du dich bewegen kannst.« Als ich das las, dachte ich mir: Nun ja, Dostojewskij und Tolstoi waren auch ohne die »Vorvergangenheit« bestens ausgekommen. Natürlich nicht ohne Vorvergangenheit als solche, sondern ohne die Extra-Verbformen dafür, wie etwa das Plusquamperfekt. Denn im Russischen hat das Verb nur eine einzige Vergangenheitsform. Bei weitem nicht in allen Sprachen sind spezielle Vorvergangenheitsformen beim Verb vorhanden – man benutzt dann einfach ein Wort, so wie zum Beispiel *davor*, und das reicht völlig, um sich in zeitlichen Ebenen nicht zu verlieren. »Ich ha das scho gwüsst, bevor ichs gläse ha.« – so würde das zum Beispiel auf Schweizerdeutsch (auch in puncto Nebensätze) aussehen.

Und was die nur zwei vorhandenen Fälle betrifft, über die Hazel Brugger scherzte, so hat das Substantiv im Englischen auch »nur« zwei. »Nur einen« sagen sogar manche Linguisten. Russisch hat dafür sechs Fälle, Finnisch 15. Ich weiss nicht, ob ein englischer Muttersprachler all die »fehlenden« Fälle des Finnischen, wie einen Adessiv oder Komitativ, je vermisst hat. Oder jene Fälle, die aus dem Englischen selbst verschwunden waren – vor einigen Jahrhunderten waren es nämlich noch fünf gewesen. Die Deklination der Substantive sowie noch einiges anderes in der englischen Grammatik haben sich im Laufe der Zeit radikal vereinfacht – zur grossen Freude von vielen Hundert Millionen Menschen weltweit, die heute Englisch lernen und benutzen. Das rechtzeitige Loswerden des grammatikalischen Geschlechts ersparte den Native Speaker*innen auch die ganzen Gefechte ums Gendern.

11
»Keine grosse Hexerei«

Man muss also nicht unbedingt 15 Fälle oder drei Vergangenheitsformen haben – verschiedene Sprachen sind in grammatikalischen Details ziemlich unterschiedlich organisiert, alle erreichen das gleiche Ziel auf unterschiedlichen Wegen. Dabei ist die Grammatik jeder Sprache »ausreichend«, sonst würden die Menschen einander nicht verstehen.

Die stark verbreitete Vorstellung, dass Dialekte »sich nicht für alles eignen«, kommt natürlich nicht von ungefähr. Dialekte werden traditionell nicht in allen kommunikativen Bereichen benutzt, und die Tatsache ist: Wenn eine Sprache bestimmte Bereiche nicht bedient, hat sie dort logischerweise ein kleineres Instrumentarium – das betrifft aber vor allem die Begrifflichkeiten, also die Wörter. Als zum Beispiel im frühen Mittelalter bei den germanischen Völkern Latein die Sprache der Religion, der Wissenschaft, der Justiz etc. war, hat es in den damaligen deutschen Sprachen für diese Bereiche bestimmte Wörter nicht gegeben. Begann man aber später diese Sprachen auch für diese Bereiche zu verwenden, wurde ihr Vokabular »aufgestockt« – durch eigene Neuschöpfungen oder durch adaptierte Entlehnungen aus anderen Sprachen, aus dem Latein vor allem. Latein griff seinerzeit auf dieselbe Weise auf das Griechische tüchtig zu – noch Lukrez klagte, in Versform sogar, dass Latein nicht in allen Themen standhalten könne. Im 1. Jahrhundert vor Christus schrieb er in seinem berühmten Werk »Über die Natur der Dinge« über das Wort *Homoeomerie*:

»[...] Dieses griechische Wort ist uns leider Wiederzugeben versagt in unserer ärmlichen Sprache«

Später wurde das »ärmliche« Latein selbst zu einem »Zugreif-Topf« für sehr viele Sprachen. Was Wörter betrifft, sind alle Sprachen sehr adoptionsfreudig. Es reicht, ein Wort in Flexion, Schreibweise und Aussprache anzupassen, und schon ist es in der neuen Sprache ganz zu Hause und vollberechtigt. Dazu noch sind alle Sprachen bei eigenen Neuschöpfungen sehr produktiv, deshalb ist der Wortschatz der flexibelste und beweglichste Teil der Sprachen – er lässt sich problemlos ausbauen, es ist nur eine Frage des Bedarfs.

Bei vielen heutigen Dialekten ist der Bedarf

nach einem solchen Ausbau nicht besonders gross, denn sie funktionieren auf Ergänzungsbasis mit der Standardsprache, von welcher gewisse Bereiche abgedeckt werden. Beim Schweizerdeutschen sieht es da wiederum anders aus.

Das begann ich erst nach ein paar Jahren in der Schweiz zu realisieren, als ich Mundart schon gut verstehen konnte. Damals war ich oft in den Gebäuden der Zürcher Universität und der ETH, da ich dort Bibliotheken benutzte, und ich hörte, dass in den Korridoren und in den Kantinen die meisten – Studenten wie Professoren – unter sich auf Schweizerdeutsch sprachen. Nicht nur zu privaten Themen, man diskutierte auf Mundart auch zu Fachgebieten, sei dies zu Medizin, Mathematik, Physik oder Slawistik. Und wenn ich reinhörte, gab es für alles Mundart-Fachausdrücke. Ich fragte mich sogar, ob das davon kam, dass Seminare möglicherweise auf Mundart geführt wurden. Doch es wurde mir erklärt, dass man, sobald der Unterricht beginne, nur Hochdeutsch verwende.

Es war an vielen Orten so. Auch in Zeitungsredaktionen, in denen alle nur auf Hochdeutsch schrieben, auch in den Fernsehredaktionen, welche ihre Sendungen auf Hochdeutsch machten, alles wurde vorher auf Schweizerdeutsch ausdiskutiert. Auch bei der *Sternstunden*-Redaktion, für die ich später arbeitete. Deren Themenbereiche – Philosophie, Religion, Kunst – waren damals im Öffentlichen ziemlich fest in der Hand des Hochdeutschen, und so machte man auch die Sendungen. In der Redaktion aber besprach man das Gleiche auf Mundart, dabei nicht weniger »tiefgründig« oder »tiefsinnig« als in den Sendungen selber, und auch da konnte ich so etwas wie ein »Manko im Wortschatz« nicht feststellen. Das ist eigentlich nicht erstaunlich, wenn man bedenkt, dass die gebildete Schicht im 19. Jahrhundert in der Deutschschweiz in der privaten Kommunikation nicht auf Hochdeutsch umstieg, und unter sich über alles – sowohl über das Profane als auch über das Hochintellektuelle – auf Schweizerdeutsch sprach und dessen Wortgut laufend ausbaute. Das Gleiche machten auch Radio und Fernsehen, die seit vielen Jahrzehnten Schweizerdeutsch benutzten. »Weil man Dialekt sprechen will«, meint Helen Christen, »macht man ihn gefügig für alle Themen.« Diese Tatsache hat wohl der Mundart den Einzug in jene Bereiche erleichtert, die zuvor Domänen des Hochdeutschen gewesen waren.

Im Bereich der sogenannten Hochkultur verlief dieser Einzug sehr langsam. Lange schien es mir, zumindest Kultursendungen würden die unerschütterliche Bastion des Hochdeutschen bleiben. Doch seit den 2010er Jahren wurden in der *Sternstunde Religion* ab und zu Gespräche mit Gästen auf Schweizerdeutsch geführt. 2017 begann dann der junge Philosoph Yves Bossart, der bereits die Sendung *Sternstunde Philosophie* moderierte, im Kleintheater Luzern »Standup Philosophy!« auf Mundart zu machen, mit grossem Erfolg und in vollen Sälen. Als ich das mitbekam, sagte ich ihm: »Weisst du, ich höre immer wieder, dass sich Schweizerdeutsch für Philosophie nicht eigne.« »Echt? Krass!«, antwortete Yves. Er sah da kein Problem. »Es ist natürlich eine Umstellung und es braucht Übung am Anfang, aber dann geht das genauso gut – selbst die Texte schreibe ich auf Mundart. Das ist gewöhnungsbedürftig, aber – vor allem am Radio – macht man das ja schon lange. Es ist keine Hexerei.«

Seit 2020 macht Yves zusammen mit der Philosophin und Moderatorin Barbara Bleisch eine eigene Mundartsendung *Bleisch&Bossart*, wo sie zusammen im Dialog Alltagsfragen aus philosophischer Sicht diskutieren. »Wir haben schon lange nach einem Mundart-Format gesucht«, sagt Yves. »Einerseits wollten wir in der Deutschschweiz ein breiteres Publikum ansprechen und Philosophie zugänglicher machen. Andererseits wollten wir eine Sendung, wo wir selbst als Menschen authentischer und uns selbst sein können.« Die beiden moderieren weiterhin einzelne Gespräche der *Sternstunde Philosophie* auf Hochdeutsch, die sehr populär sind, die auch im ganzen deutschsprachigen Raum, auch in Deutschland und Österreich ein sehr grosses Publikum finden.

Heute sind viele kommunikative Bereiche also nicht mehr die exklusiven Domänen von Hochdeutsch, parallel dazu wird dort oft auch Schweizerdeutsch verwendet. Die Gebrauchsregeln von beiden Sprachen ändern sich, dabei sind sie nicht strikt geregelt, sie werden auch von niemandem bewusst gelenkt – viele Linguisten nennen solche Prozesse eine ungesteuerte Sprachentwicklung.

»Wo ist heute Schweizerdeutsch in dieser Entwicklung angelangt?«, fragte ich den Chefredaktor des *Schweizerischen Idiotikons* Christoph Landolt. Ein detailliertes, allumfassendes Bild konnte er mir nicht zeichnen. Wie gross der Prozentsatz der Menschen ist, die Mundart privat schreiben oder in welchen öffentlichen Institutionen wieviel Schweizerdeutsch gesprochen wird – einen richtigen Überblick darüber hat zurzeit niemand. »Eines von vielen Beispielen«, sagt Christoph Landolt, »es gibt Kirchgemeinden, in denen die Pfarrer Gottesdienste nur in Mundart halten, solche, wo sie nur Schriftdeutsch verwenden, und dann gibt es Pfarrer, die beides benutzen. Für ganz genaue Informationen bräuchte man ein aufwendiges Forschungsprojekt, eine Art gezieltes Monitoring. Das müsste man zuerst einmal machen ... Aber es ist halt immer so – es gibt tausend Sachen, die man in der Sprache erforschen kann, und man erforscht vielleicht zehn, und die anderen 990 bleiben unerforscht.«

Wenn auch die genauen, in alle Details gehenden Daten heute nicht vorliegen, so lässt sich doch einiges sagen. »Im Mündlichen«, meint Christoph Landolt, »gibt es heute für das Schweizerdeutsche kaum Begrenzungen in der Anwendung. Es gibt nur ganz wenige Situationen, in denen die Deutschschweizer nicht Schweizerdeutsch sprechen – im Unterricht in der Schule und an der Universität, im Nationalrat, im Zürcher Kantonsrat.«

Auf das Mundartschreiben schaut Christoph Landolt aus historischer Perspektive: »Die meisten wissen heute nicht mehr, dass früher, zum Beispiel um 1900 herum, viel auf Schweizerdeutsch geschrieben wurde, privat, oder auch in den Zeitungen. Es war damals üblich, dass in der lokalen Presse, aber auch im *Tages-Anzeiger* oder im *Bund* Mundarttexte gedruckt wurden. Auf der gleichen Seite konnte neben den Artikeln auf Hochdeutsch ein Beitrag auf Schweizerdeutsch stehen – das sieht man heute kaum mehr. In der ersten Hälfte des 20. Jahrhunderts gab es auch viel mehr mundartliche Belletristik, es war ihre Blütezeit – nach 1950 war sie nur noch ein Schatten ihrer selbst, und heute gibt es zwar wieder ein paar sehr erfolgreiche Autoren, alles in allem aber sehr viel weniger als vor hundert Jahren. Die Gewichte im Mundartschreiben haben sich im Vergleich zu früher verschoben. Auf Schweizerdeutsch wird heute in den neuen Domänen geschrieben, die vor 30 Jahren nicht existiert haben.«

Dass Mundart am Rande auch in die »alten Domänen« vorsichtig eindringt, so wie in die öffentlichen Räume, ist eine recht junge Erscheinung. Damit aber hat die Redaktion des *Schweizerischen Idiotikons* inzwischen auch zu tun. »Seit einiger Zeit«, sagt Christoph Landolt, »bekommen wir Anfragen von Coop und anderen Firmen, die uns bitten, Texte für öffentliche Räume – für Werbung oder für Aufschriften – zu schreiben. Das machen wir auch für sie.«

Die Mundart übernahm also schon seit Langem vielfältige Funktionen der Standardsprache, und noch mehr tut sie dies heute. Man schreibt es, man spricht es in den Medien, in der Politik, in der Kultur, in der Kirche, in Kantonal- und Gemeinderäten, es ist im Mündlichen de facto die Amts- und Verwaltungssprache – niemand kommt auf die Idee, bei einem Behördengang auf Hochdeutsch zu wechseln. Und deshalb stellt sich die Frage, auf die ich seit vielen Jahren sowohl in privaten Gesprächen als auch immer wieder in den Medien stosse, sei es auf SRF oder in der NZZ: Ist Schweizerdeutsch eine eigene Sprache? Darauf wird jedes Mal eine andere Antwort gegeben.

12
Sprache vs. Dialekt

Dieses Thema ist wahrlich ein weites Feld, ein sehr weites, würde ich sogar sagen. Was überhaupt eine Sprache ist, das ist eine alte und endlose Diskussion – Linguisten sind sich in dieser Frage nicht einig. Denn es gibt viele verschiedene Möglichkeiten, eine Sprache zu definieren, je nach den Kriterien, die man anwendet. Es können zum Beispiel nur rein sprachwissenschaftliche Kriterien sein, doch auch da sind sehr viele Definitionen möglich. Eine sehr knappe Beschreibung, die mir persönlich am meisten einleuchtet: Eine Sprache stellt ein eigenes komplexes System mit eigener Grammatik, eigenem Wortschatz und eigener Phonetik dar. Nach dieser Definition sind Dialekte auch Sprachen, und in diesem Sinne habe ich das Wort für Schweizerdeutsch in diesem Buch auch oft benutzt – als Synonym für Mundart. Nach rein linguistischen Kriterien berechnet man heute auch die Zahl der Sprachen, die es in der ganzen Welt gibt, und die beläuft sich gegenwärtig auf etwa 5000 bis

7000 – die meisten von ihnen sind »nur« mündlich und haben folglich keinen Standard.

Doch »im Kontext der europäischen Sprachgemeinschaften«, wie es so heisst, verwendet man das Wort »Sprache« traditionell für die sogenannten Standardsprachen, die bestimmte, auch aussersprachliche Kriterien erfüllen. Nicht die einzig mögliche, aber eine häufig benutzte Definition: Eine »Sprache« – im Gegensatz zu Dialekten – ist funktional vollständig: Sie wird in verschiedenen Bereichen der mündlichen und der schriftlichen Kommunikation benutzt; sie hat einen eigenen schriftlichen Standard; sie hat einen offiziellen Status, der gesetzlich in Dokumenten festgelegt ist. Nach diesen Kriterien ist Schweizerdeutsch ein Dialekt und keine Sprache.

»Die Frage, ob Schweizerdeutsch und Hochdeutsch als zwei verschiedene Sprachen oder als unterschiedliche Ausprägungen ein und derselben Sprache zu kategorisieren sind, wird in der Linguistik und in der Öffentlichkeit kontrovers diskutiert«, steht es in der Analyse »Schweizerdeutsch und Hochdeutsch in der Schweiz« des Bundesamtes für Statistik. Auch das Bundesamt selbst geht mit Schweizerdeutsch auf zwei verschiedene Weisen um. Bei den statistischen Erhebungen kann man zum Beispiel bei der Frage nach der Hauptsprache nur »Deutsch« wählen, da wird Schweizerdeutsch »subsumiert«. Auf der Seite des Bundesamtes für Statistik ist zu lesen, dass 2021 »Deutsch« für 62 Prozent der gesamten Schweizer Bevölkerung die Hauptsprache war (Französisch – für fast 23 %, Italienisch – für etwa 8 %, Rätoromanisch – für 0,5 %).

Seit 1990 kann man aber bei statistischen Erhebungen bei manchen Fragen Schweizerdeutsch und Hochdeutsch separat angeben, so wie bei der Frage nach der »üblicherweise gesprochenen Sprache bei der Arbeit«. Da sehen die Zahlen, die sich wiederum auch auf die ganze Schweiz beziehen, aktuell wie folgt aus: Schweizerdeutsch – 62 %; Hochdeutsch – 33,6 %, Französisch – 27,8 %, Englisch – 21,3 %, Italienisch – 7,9 %, Rätoromanisch – 0,3 %.

13
Wi snackt platt

Mitte der 1990er Jahre las ich in einer sprachwissenschaftlichen Publikation zum Thema Dialekte einen Artikel von Heinrich Löffler, Professor für Deutsche Philologie an der Universität Basel. Dort nannte er Schweizerdeutsch die »fünfte inoffizielle Landessprache«. Auf diese Bezeichnung traf ich auch sonst ab und zu und sie half mir in Gesprächen mit meinen ausländischen Bekannten, denen ich ständig erklären musste, warum ich, obwohl ich Deutsch konnte, Mundart verstehen lernen musste. Warum ich, in Zürich lebend, weder im Privatleben noch bei der Arbeit fürs Fernsehen unmöglich ohne Schweizerdeutsch auskommen konnte. »Dass ein Dialekt so wichtig sein kann ...«, hörte ich oft als Reaktion. Darauf erwiderte ich dann jeweils, dass Schweizerdeutsch eigentlich mehr als ein Dialekt ist, es wird so viel und so von allen benutzt, dass man es als eine inoffizielle Landessprache bezeichnen könnte. Die »inoffizielle«, weil es noch einen weiteren Begriff gibt: »die offizielle Sprache«. Das ist ein in Dokumenten festgehaltener juristischer Status.

Offizielle Sprachen – eines Landes oder einer Region – können zum Beispiel eine Amtssprache, National- oder Landessprache sein, Regional- oder Minderheitssprache. Die Ernennung zu einer »offiziellen Sprache« ist immer ein Rechtsakt. Ob es sich dabei um eine »Standardsprache« handelt, wie die Linguistik sie nennt, oder ob sie »funktional vollständig« ist, wird bei solchen Entscheiden nicht berücksichtigt. Was zählt, sind vor allem das Bedürfnis und die Bestrebungen der Sprachgemeinschaft selber, ihre Sprache als offiziell zu deklarieren. »Was Dialekt und was eine Sprache ist«, meint Christoph Landolt, »ist eine gesellschaftliche und politische Frage.« Manche Soziolinguisten sagen auch, es sei die Frage, ob eine Sprachgemeinschaft sich als Teil einer grösseren Sprachgemeinschaft empfindet, oder als etwas Eigenständiges.

Einen juristischen Statuswechsel der Dialekte, aber auch der »Sprachen«, gab es oft genug in der Geschichte. Auch in den heutigen Zeiten kommt es immer wieder vor. Dabei gibt es keine allgemein gültigen Regeln, wie offizielle Sprachen konkret benutzt werden sollen, es gibt kein von jemandem vorgeschriebenes Muss, nur die Amtssprache ist in der Regel gesetzlich im Verkehr aller staatlichen Stellen untereinander und gegenüber den Bürgern verbindlich. Doch im realen Leben funktionieren die offiziellen Sprachen, sogar die Amtssprachen, nicht alle nach gleichem Muster.

So ist das Rätoromanische (aus linguistischer Sicht eine eigene Sprache) bereits seit 1938 neben Deutsch, Französisch und Italienisch eine in der Verfassung verankerte Landessprache der Schweiz. 1996 wurde es nach einer Volksabstimmung auch zur vierten Amtssprache. Auf der Webseite der Bundeskanzlei kann man heute über Rätoromanisch lesen: »Im Verkehr mit den Bundesbehörden sind die fünf existierenden Sprachvarianten (Idiome) gleichberechtigt; Publikationen des Bundes werden jedoch ausschliesslich in der einheitlichen Schriftsprache Rumantsch Grischun verfasst.« Rumantsch Grischun entstand nicht »von allein« wie Hochdeutsch, es wurde vor der Erklärung des Rätoromanischen zur Amtssprache in den 1970er/80er Jahren als gemeinsamer schriftlicher Standard für die fünf Idiome extra entwickelt. Es wird aber kaum so gesprochen.

Es ist auch nicht so lange her, dass Luxemburgisch seinen Status gewechselt hat. 1984 wurde es mit einem Gesetz zur Nationalsprache des Grossherzogtums Luxemburg erklärt, und neben Deutsch und Französisch zur dritten Amtssprache. Eine der Begründungen: Luxemburgisch ist ein wichtiger Teil der nationalen Identität. 2023 wurde dies auch in der Verfassung verankert.

Die Sprachsituation in Luxemburg ist anders als in der Schweiz. Es ist eine Triglossie, was bedeutet, dass die Sprachgemeinschaften nicht voneinander getrennt sind, sondern von der ganzen Bevölkerung alle drei Sprachen benutzt werden. Dabei wird von über 70 Prozent der Luxemburger als Muttersprache Luxemburgisch angegeben. Früher einmal galt es als eine Gruppe von deutschen (mosel-fränkischen) Dialekten, und es wurde vorwiegend mündlich im Privaten und im Alltag benutzt – die offiziellen Sprachen, auch Schriftsprachen, waren Deutsch und Französisch. Schon im 19. Jahrhundert, nachdem Luxemburg zu einem unabhängigen Staat wurde, begann die Bedeutung von Luxemburgisch zu wachsen und seine Benutzung sich auf neue Bereiche auszuweiten: Literarische Werke wurden darin verfasst, Theater gespielt, 1912 wurde Luxemburgisch als Unterrichtsfach in der Schule zugelassen.

Im Zweiten Weltkrieg erlebte diese Entwicklung

einen Rückschlag: Luxemburg war von Nazi-Deutschland besetzt, der Widerstand der Bevölkerung wurde niedergeschlagen, Deutsch wurde zur alleinigen offiziellen Sprache. Nach 1945 erlebte aber Luxemburgisch, inzwischen zu einem der stärksten nationalen Symbole geworden, einen grossen Aufschwung – es begann sich noch schneller in verschiedenen Bereichen zu etablieren, seit den 1970er Jahren auch als Schriftsprache. Dabei hatte diese keine verbindliche Schreibregeln, Standardisierungsversuche, die immer wieder unternommen wurden, scheiterten. Erst 1999 bekam Luxemburgisch endlich einen definitiven Standard – da war Luxemburgisch bereits 15 Jahre lang die offizielle National- und Amtssprache.

Heute werden die drei Sprachen sehr durchmischt verwendet: Das Parlament debattiert auf Luxemburgisch, Französisch ist die Sprache der Gesetze, in privaten und informellen Bereichen wird mehr auf Luxemburgisch geschrieben, im formell-offiziellen Kontext, auch in den Zeitungen mehr Deutsch. In der Schule wird – nach einem speziellen Schema – in allen drei Sprachen unterrichtet. Und die Behörden sind verpflichtet, in der Antwort auf Anfragen jene der drei Sprachen zu benutzen, die die Fragestellenden selber benutzt haben.

»Das wirkt aber sehr kompliziert!«, sagte ich dem luxemburgischen Linguisten Dr. Guy Berg, als ich mit ihm 2023 über die Sprachsituation in Luxemburg sprach. »In der Regel«, antwortete er mir, »geht man davon aus, dass das gleichzeitige Neben- und Miteinander von zwei oder gar drei Sprachen in einer Sprachgemeinschaft diese auf Dauer überfordert und daher keinen Bestand haben kann. Mit dem Beispiel Luxemburg wird diese Annahme nachhaltig widerlegt. Die Langlebigkeit der hiesigen Sprachpraxis mag neben kulturhistorischen Gründen teilweise auch darauf zurückzuführen sein, dass die Verwendung der einen oder anderen Sprache sich weniger nach Bestimmungen oder Vorschriften als vielmehr nach individueller Entscheidung oder pragmatischer Notwendigkeit und Sinnhaftigkeit richtet. Der sprachliche Alltag gestaltet sich somit in hohem Masse flexibel. Für eine Gesellschaft mit einem Ausländeranteil von annähernd 50 % zweifellos ein Vorteil.«

Zu diesem »Ausländeranteil« gehört auch Lisa, eine junge Frau, die ich seit ihrer Kindheit noch aus Moskau kenne. Sie ist die Tochter meiner Freundin und lebt seit fünf Jahren in Luxemburg. »Wie kommst du mit dieser Dreisprachigkeit zurecht?«, fragte ich sie.

»Es war für mich nie ein Problem«, erzählte sie. »Für Luxemburger ist es ganz normal, man spricht hier halt drei Sprachen. Als ich hierherkam, benutzte ich Deutsch oder Englisch, das konnte ich schon vorher, Luxemburgisch und Französisch habe ich neu gelernt – ohne Kurse, mehr oder weniger vom Sprechen-Hören, aber ich kann sie natürlich nicht perfekt.«

Nun will Lisa sich einbürgern lassen und muss dafür eine Sprachprüfung in Luxemburgisch ablegen. »Konntest du die Sprache der Prüfung wählen?«, fragte ich sie.

»Nein, sie ist nur auf Luxemburgisch. Ich kann das noch nicht genug gut, deshalb habe ich mich jetzt für einen Sprachkurs eingeschrieben, die werden von den Gemeinden für einen praktisch symbolischen Preis angeboten.«

»Machst du den Kurs nur für die Prüfung? Hättest du eventuell lieber dein Französisch auf ein besseres Niveau gebracht?«

»Nein, auf keinen Fall, auch wenn ich wählen könnte, hätte ich Luxemburgisch gewählt.«

»Warum?«

»Weil das die Sprache ist, die einfach hier am meisten gesprochen wird und die ich am meisten fürs

Leben brauche. Und ausserdem ist Luxemburgisch *die* Sprache für Luxemburger, und es gefällt mir hier, ich will hierbleiben und auch dazugehören.«

Ganz anders lief der Statuswechsel bei Plattdeutsch. Ende des 20. Jahrhunderts war es ein klassischer Dialekt, dabei einer der meist bedrohten deutschen Dialekte, weil er immer weniger gesprochen wurde. Trotz dieses Standes der Dinge wurde er 1999 zur Regionalsprache erklärt und in einigen deutschen Bundesländern neben dem Hochdeutschen zur zweiten Amtssprache. Ausserdem bekam die niederdeutsche Sprache, wie sie offiziell heisst, den Status einer geschützten Sprache – laut der »Europäischen Charta der Regional- oder Minderheitensprachen«. Diese wurde 1992 vom Europarat verabschiedet, und sie verpflichtet die Länder, die sie ratifiziert haben, zu zahlriechen Massnahmen zum Schutz und zur Förderung der jeweiligen Sprachen. Dabei schützt die Charta keine Dialekte.

Seither ist in Norddeutschland einiges gelaufen. Plattdeutsch wurde, wenn auch mit wenigen Stunden, als Fach in den Schulen eingeführt; es sind zahlreiche Vereine und Zentren entstanden, die sich um die »plattdeutschen Angelegenheiten« kümmern. Plattdeutsche Kultur, Theater und Musikgruppen,

Lesungen und Vorträge werden gefördert. Die lokalen Radio- und Fernsehsender, aber auch der NDR, haben Extraangebote »op Platt«, so auch die Zeitungen. Die Nordwest-Zeitung in Oldenburg, deren Chefredakteur mein alter Bekannter Ulrich Schönborn ist, hat seit einigen Jahren einmal in der Woche eine Kolumne auf Plattdeutsch und alle zwei Wochen eine ganze Seite. Diese macht ein »plattdeutscher Beirat«, eine Gruppe von externen Autoren, die die Sprache gut beherrschen. In der Redaktion selbst beherrscht sie niemand richtig.

»Wie wird da geschrieben? Es gibt viele verschiedene plattdeutsche Dialekte, aber keine standardisierte Schriftsprache«, fragte ich Ulrich.

»Das ist die Sache des Beirats. Sie schauen natürlich, dass es in einer Form geschrieben ist, die möglichst viele Menschen lesen können.«

Die Entwicklung eines gemeinsamen Schriftstandards für Plattdeutsch ist zurzeit kein öffentlich diskutiertes Thema. Dabei ist Niederdeutsch heute auch eine Amtssprache, was heisst, dass man beispielsweise Anträge an die Behörden auf Plattdeutsch stellen kann. In der Praxis geht es vor allem um Angelegenheiten, die man mündlich erledigt. »Wi snackt platt« – solche Schilder kann man heute in den Behördenräumen bei den Angestellten sehen, die Plattdeutsch können. Doch es sind nicht gerade viele.

»Eigentlich sprechen die Menschen Platt kaum mehr als früher unter sich, aber es sind auf jeden Fall nicht weniger geworden«, sagte mir Ulrich. »Das Wichtigste, was sich in den letzten Jahren geändert hat, das ist die Einstellung zum Platt. Niemand rümpft mehr die Nase darüber – es ist richtig akzeptiert, es ist »in«, ich würde sogar sagen, es ist Mode – Kindergärten, Boote bekommen plattdeutsche Namen, Orte werden zweisprachig ausgeschildert. Wenn nicht all das wäre, wenn es wie zu Zeiten meiner Kindheit weitergelaufen wäre, wäre Platt mit meiner Generation wahrscheinlich schon so gut wie weg gewesen.«

Vor dieser Gefahr stehen heute sehr viele Dialekte – ihre Benutzung ist weltweit allgemein rückläufig. Doch mancherorts geht sie nicht mehr zurück, oder mindestens nicht mehr so schnell wie noch Mitte des 20. Jahrhunderts. Damals erreichte das Interesse an Dialekten seinen Tiefpunkt – sozial stigmatisiert galten sie für viele auch als Verständigungshindernis und als überflüssig.

Seit etwa den 1960er und 70er Jahren begann sich aber vielerorts die gesellschaftliche Einstellung zu Dialekten langsam zu ändern. Mit dem Schwinden der Dialekte wurde erst einmal vielen bewusst, dass sie für die Menschen ein wichtiger Teil ihrer Identität sind. Man begann, von immateriellem Kulturerbe zu sprechen, und darüber, dass mit dem Erlöschen einer Sprache das kulturelle Gedächtnis verloren geht. Dialekte werden heute immer mehr zu einem öffentlichen Thema. Auch spezielle Massnahmen zu deren Schutz und Förderung werden in ganz unterschiedlichen Ländern immer öfter getroffen. Viele Sprachforscher meinen, dass die Globalisierung, genauer die Gegenreaktion darauf, die Besinnung auf Dialekte weiter fördert. Man spricht heute sogar von der Dialektrenaissance.

Man spricht heute aber auch vom *Linguizismus,* der Diskriminierung wegen der Sprache. Das begannen Soziolinguisten in den 1980er Jahren zu thematisieren. Damit ist jede Art von gesellschaftlicher Benachteiligung gemeint, vor allem die Geringschätzung und Vorurteile gegenüber Sprachen und ihren Sprechern, egal, ob die Menschen eine Regional- oder Minderheitensprache, einen Dialekt oder eine Standardsprache mit einem vom Standard abweichenden Akzent sprechen. Es ist zwar bis jetzt nie eine besonders rege öffentliche Diskussion daraus entstanden, doch in verschiedenen Ländern wird immer wieder in den Medien etwas zu diesem Thema publiziert.

So erschien 2022 auch in der Frankfurter Allgemeinen Zeitung ein grosses Interview mit der Linguistin Dr. Edith Burkhart-Funk, die als »Dialektforscherin und Dialektsprecherin aus Bayerisch-Schwaben« vorgestellt wurde. Betitelt war es mit einem Zitat aus dem Interview: »Wir ham da gar kei Gfühl dafür, dass ma Menschen wegen Ihrer Sprache ned diskriminieren darf«. Fast das ganze Gespräch wurde auf Schwäbisch gedruckt, zwar nur moderat und teilweise nur andeutungsweise schwäbisch gefärbt – im echten Dialekt würden die meisten FAZ-Leser es kaum lesen können.

In diesem Interview sprach Edith Burkhart-Funk unter anderem über die Intoleranz in Bezug auf Dialekte: »Bei uns im Land ist Diskriminierung ein Tabu. Man darf Menschen ned wegen ihrer Hautfarbe, ned wegen Geschlecht, Alter und so weiter diskriminieren, völlig zu Recht – aber wegen Sprache macht mans ständig ... Des isch erlaubt bei uns, des geht durch. Man darf sich über den Dialekt von anderen lustig machen, man darf ihn de Kinder austreiben. Des isch doch ungeheuer – wie wenn ma jemand sei schwarze Hautfarb versucht wegzuschrubben.«

»Heute hat der Dialekt doch wiedr a viel besseres Image als no vor zwanzig, dreissig Jahren«, meinte der FAZ-Korrespondent Timo Frasch. »Es hat sich was getan, das stimmt«, antwortete Edith Burkhart-Funk. »Aber so ganz durchgedrungen isch es leider noch nicht.«

Ob es je »ganz durchdringt«, und wie sich die ganze Situation um die Dialekte im deutschsprachigen Raum und in der ganzen Welt weiterentwickelt, das wird man in den nächsten Jahrzehnten sehen.

14
Wieso caresch du nöd?

In den nächsten Jahrzehnten wird man auch sehen, wie es mit dem Schweizerdeutschen und mit der ganzen Sprachsituation in der Deutschschweiz weitergeht.

Ich fragte Helen Christen, die seit über drei Jahrzehnten den Sprachwandel in der Deutschschweiz erforscht, in welche Richtung Schweizerdeutsch sich weiterentwickeln könnte. »Wenn ich das wüsste!«, antwortete sie. »Zu viele verschiedene Einflussfaktoren spielen hier mit, von denen wir heute nicht wissen können, wie sie sich in Zukunft auswirken werden.« Auch der Chefredaktor des *Schweizerischen Idiotikons* Christoph Landolt hatte keine Prognose parat. So etwas, meinte er, könne man mit Sicherheit nicht voraussagen.

Die Entwicklung der Sprachen verläuft ja, wie wir aus der Geschichte wissen, sehr oft nicht linear. Es kann ganz unerwartete Wendungen geben, die entstandenen Tendenzen können rückläufig oder durch irgendwas »abgebrochen« werden – aussersprachliche Faktoren, so wie gesellschaftliche oder politische sind da oft ausschlaggebend. Auch die Entwicklung der Kommunikationstechnologien spielen dabei eine grosse Rolle, wie die Erfindung der Text-Messengers oder seinerzeit des Buchdrucks.

Das Einzige, was heute sicher ist: Schweizerdeutsch als Sprache wird in seiner Materie in Zukunft nicht ganz genau so bleiben wie heute. Denn einen statischen Zustand kennen nur die toten Sprachen – alle lebendigen verändern sich ständig: Die einen Wörter verschwinden, neue kommen in Umlauf, Veränderungen, wenn auch meist am Rande und nur langsam, erlebt auch die Grammatik; Dialekte, wenn sie nicht gerade schwinden, nivellieren sich in den Städten etc. – das alles ist unvermeidlich und in allen Sprachen üblich.

Was Dialekte speziell betrifft, so haben sie noch überall eine Tendenz dazu, sich den Standardsprachen anzunähern. Dabei werden nicht nur Wörter, sondern auch Elemente der Grammatik übernommen. »Mundart verdeutscht sich!«, klagen oft meine Bekannten. Viele von ihnen sind sehr empfindlich in Bezug auf Germanismen, viele Eltern, die ich kenne – nicht nur die älteren, auch die jüngeren –

korrigieren häufig ihre Kinder: nicht *Treppe*, sondern *Stäge*, nicht *lernen*, sondern *lehre*, nicht *Regal*, sondern *Gstell*. Auch die Medien machen immer wieder auf die »Teutonismen« in Mundartwerbung oder -aufschriften aufmerksam.

»Doch sehr viele Menschen, die meisten wohl«, sagt Helen Christen, »verwenden Teutonismen, ohne dies selber zu bemerken, sie nehmen sie gar nicht als solche wahr. Das gab es schon früher, doch der heute stark gestiegene Medienkonsum dürfte mutmasslich zu mehr Entlehnungen aus dem Hochdeutschen führen.« Seit es das Internet gibt, hat jeder Zugang zu unzähligen Filmen, Fernsehsendern, Online-Zeitungen, Podcasts usw., und in dieser Medienflut ist der Anteil des Schweizerdeutschen wesentlich kleiner als jener des Hochdeutschen. So haben heute wohl mehr Menschen als früher übers Hören und Lesen Kontakt mit Hochdeutsch und in solchen Situationen sind Interferenzen immer an der Tagesordnung.

»In SMS, die ich bekomme, sehe ich öfters ›in Züri‹, ›in Basel‹ anstatt ›z'Züri‹ und ›z'Basel‹. Manchmal schreibt man solche Sachen, wie ›Ich muss no es Ticket löse, zum Zug z faare‹. Dieses ›z‹ ist hier falsch, es kommt vom deutschen ›Um-zu-Satz‹, den es in Mundart nicht gibt, es müsste ›zum Zugfahre‹

heissen.« Das erklärte mir 2022 Felix Haldimann, der damals eine Journalistik-Stage bei der CH Media Academy machte, an der er unter anderem lernte, Radio- und Fernseharbeit auf Mundart zu machen und dafür auf Schweizerdeutsch zu texten. »Das war etwas vom Ersten, das ich in der Ausbildung mitbekommen habe – man sollte Germanismen, so gut es geht, meiden. Gleich wie die Anglizismen.«

Anglizismen sind heute weltweit ein Thema – nicht erstaunlich bei der Tatsache, dass Englisch inzwischen zu einer sogenannten *Lingua franca*, einer internationalen Verkehrssprache geworden ist, und weltweit sehr viel in ganz verschiedenen Bereichen benutzt wird. Als ich vor 30 Jahren in die Schweiz kam, habe ich in Zürich auf den Strassen oder in Cafés nur ganz selten Englisch gehört, heute höre ich es regelmässig. Es sind meistens Menschen der jüngeren Generation, die es sprechen, und wenn ich sie frage, sind es meistens Expats aus ganz verschiedenen Ländern, die hier arbeiten und leben. Seit der Personenfreizügigkeit ist ihre Zahl in grösseren Städten merklich gestiegen. Englisch ist nicht selten ihre gemeinsame Sprache unter sich und mit Schweizern.

»Das ist auch etwas, das wir heute nicht wissen können«, sagt die Linguistin Helen Christen,

»wie in der Zukunft die Zusammensetzung der Bevölkerung in der Schweiz aussehen wird und welche Rolle andere Sprachen spielen werden, Englisch zum Beispiel.« Heute ist Englisch bereits für 21 % aller Schweizer die üblich gesprochene Sprache am Arbeitsplatz, nur etwas weniger als Französisch und mehr als Italienisch und Rätoromanisch zusammen. Nicht nur bei der Arbeit, auch im Alltag ist Englisch präsent, und es wird darin auch viel im öffentlichen Raum geschrieben. Wenn ich heute in Zürich in der Stadtmitte unterwegs bin, oder an Orten, wo jüngere Menschen viel verkehren, sehe ich sehr viele Aufschriften auf Englisch. Das sind nicht nur die schon üblich gewordenen »we are open«, »sale in store«, »please wait to be seated«, sondern alles Mögliche – Informationen, Werbung, Namen von Läden, Restaurants, Sportzentren. An der Europaallee in Zürich wimmelt es regelrecht davon: *Openride, Loft five, Wood factory, mood-store, tara style, Bridge-meetfood*. Letzteres ist ein grosses multifunktionales Zentrum im neuen Stil mit vielen Läden und Cafés, das sich online als »Treffpunkt für Food-Lovers« präsentiert, und wo man einkaufen und essen kann, am Laptop arbeiten, am »Töggelikasten« spielen oder abends manchmal auch tanzen.

Drinnen gibt es sehr viele Aufschriften. Die meisten sind auf Deutsch. Ein Teil auf Englisch – *take home/ eat here, selfcheckout, free fruit for kids.* Man sieht auch vereinzelt Mundart – *Metzg, Schoggi, pflücktvombaum*, in der Fischabteilung: »mir räuchered selber«. Diesen Drei-Sprachen-Mix sehe ich in letzter Zeit immer öfter. Auch auf der offiziellen Signaletik der Stadt Zürich: 2023 bei der Einführung der neuen Recycling-Behälter in der Stadt warb das Plakat des Entsorgung-und-Recycling-Departments mit »Züri trännt.«, die übrigen Informationen darauf waren auf Deutsch, die Behälter selber bekamen Aufschriften auf Deutsch und Englisch.

Seit kurzem sehe ich manchmal vor den Cafés und Bars – meist vor solchen, die bei den jungen Leuten populär sind – »Lock-Tafeln«, die nur zweisprachig sind – Schweizerdeutsch und Englisch, Hochdeutsch wird weggelassen:

> Come in
> Miär händ offä
> We have a lovely Backyard.

Oder: »*to go – zum mit nä.*«

In letzter Zeit fallen mir auch die Sprachspielereien auf, die Englisch und Mundart kombinieren. Bei einem Wäschedienst heisst bei der Onlinebestellung eine Option »EASY WÖSCHSACK«; auf einem Plakat an einer Frauendemo in Zürich steht: »WIESO CARESCH DU NÖD?« Und an einem Trinkbecher in einer Kaffeebar: »Kafi macht alles bizz okayer.«

Als ich einmal darüber mit einem jungen Linguisten sprach, lachte er: »Wissen Sie, wie die Diglossie in der Deutschschweiz in Zukunft aussehen wird? Mundart – Englisch.« Das meinte er natürlich als Witz. Was aber kein Witz ist: 2014 forderte ein angesehener deutscher Politiker, die englische Sprache neben Deutsch als Verwaltungs- und »mittelfristig vielleicht« als Amtssprache in Deutschland zuzulassen. In immer mehr Ländern wird heute de facto Englisch in verschiedenen staatlichen Institutionen immer mehr zugelassen – an vielen Universitäten weltweit werden manche Lehrgänge nur noch auf Englisch angeboten. Englisch ist überall auf dem Vormarsch, in der Deutschschweiz auch. Ob es aber in Zukunft noch eine grössere Rolle als heute spielen wird, das kann man natürlich noch nicht wissen.

Man kann auch nicht wissen, wie sich die anderen Tendenzen im heutigen Sprachwandel weiterentwickeln. Eine der wichtigsten war bis jetzt die ziemlich kontinuierliche Ausbreitung des Mundartschreibens. Doch auch da kann man nicht sicher sein, meint Helen Christen, ob die Entwicklung sich in diese Richtung fortsetzt. »Heute ist mit SMS und Chats die Schriftlichkeit plötzlich ausserordentlich wichtig geworden, und dann eben auf Dialekt. Vielleicht aber führen die technischen Möglichkeiten von Sprachnachrichten wieder zurück zur gesprochenen Sprache, auf Kosten der informellen Dialekt-Schriftlichkeit.«

Das war auch mein Gedanke, als Handys die Voice-Messenger-Funktion bekamen. Ich fand das sehr bequem und stieg sofort auf Sprachnachrichten um, und das werden, dachte ich, wohl die meisten Menschen machen. Und dann fragte ich mich, was das für das Mundartschreiben bedeuten könnte. Gerade bei SMS wird Mundart am meisten benutzt, wenn das jetzt wegfällt – wird das Mundartschreiben eventuell rückläufig? Das traf nicht ein, das schriftliche Kommunizieren erwies sich als praktischer – »stumm«, niemanden störend, die ganze Konversation ist archiviert und überschaubar – die

Sprachnachrichten haben die SMS nicht ersetzt, sie wurden zu einem Zusatz, man benutzt sie in einem relativ begrenzten Rahmen.

Doch Informationstechnologien entwickeln sich weiter. Verschiedene Programme können inzwischen nicht nur Texte, sondern auch die mündliche Sprache generieren. Allerlei virtual assistants, Chat-GPT, künstliche Intelligenz – was alles noch kommen wird, was sich davon in unserer täglichen Kommunikation etablieren wird, wie viel wir dabei schreiben werden – das zeigt die Zukunft.

Doch, wenn die Text-SMS und -Chats nicht in absehbarer Zeit (oder gar nie) durch etwas Bequemeres ersetzt werden und die informelle Schriftlichkeit genauso wichtig bleibt, wird sich das Mundartschreiben über diese Hauptdomäne hinaus weiter ausdehnen?

Heute stösst es an eine Grenze. Wo sie liegt, darüber sprach ich mit Felix Haldimann, dem angehenden Journalisten. Er ist 29, ist mit Zweischriftigkeit aufgewachsen, alles Private schreibt er auf Mundart, oft, wie viele junge Leute, auch berufliche E-Mails an Leute, die er gut kennt: »Doch sobald es um genauere Informationen geht, wenn ich sicher sein will, dass man mich zu hundert Prozent richtig versteht, dann steige ich auf Deutsch um, das machen alle anderen auch.«

»Warum?«

»Sonst besteht die Gefahr, dass man etwas falsch verstehen kann. Auf Mundart können viele Wörter Verschiedenes bedeuten – ›will‹ kann ›weil‹ oder ›will‹« (von ›wollen‹) sein, mit ›züg‹ kann man ›Züge‹ oder ›Zeugs‹ meinen. ... Jeder schreibt dazu noch unterschiedlich. Bei wichtigen Mails wird das zu einem Problem, überhaupt bei längeren Mundart-Texten, und vor allem bei solchen von unbekannten Menschen ist das Lesen mühsam.«

Das ist mit ein Grund dafür, warum man in offiziellen Bereichen – in allerlei Dokumenten, in der Verwaltung, in schriftlichen Medien etc. – bei Hochdeutsch bleibt. Hier ist für Schweizerdeutsch das Fehlen eines Standards eine Schranke.

»Wäre es heute möglich, für Schweizerdeutsch einen Standard auszuarbeiten?«, fragte ich Christoph Landolt. »Es würde darüber sicher viel gestritten, doch für Linguisten wäre das problemlos machbar. Andere Sprachregionen haben das vorgemacht. Es ist nur die Frage, ob die Gesellschaft ein Bedürfnis danach hat – und das ist definitiv nicht der Fall.«

Beim informellen Schreiben, bei dem es meist

um kurze Texte geht, kommt man, wie das Leben zeigt, ohne einen Standard recht gut zurecht – man versteht einander. Und die heutige Zweischriftigkeit, bei der beide Sprachen verschiedene Domänen bedienen, scheint soweit alle zufriedenzustellen. Ob sich das je, aus welchen Gründen auch immer, ändern wird – diese Frage ist völlig offen.

Es gibt noch einen Grund, warum sich Schweizerdeutsch in bestimmten Bereichen nicht oder nicht so stark ausbreitet. Es ist der gleiche Grund, aus welchem die Deutschschweizer Buchdrucker im 16. Jahrhundert die »eidgenössische Landsprach« aufgegeben haben und auf die gesamtdeutsche Schriftsprache umgestiegen sind: Hochdeutsch hat eine viel grössere Reichweite – damit erreicht man viel mehr Menschen. Ob bei einem Film oder einem Song ist das oft ein Argument bei der Sprachwahl. Oder auch im Fernsehen. So ist zum Beispiel die SRF-Sendung *Sternstunde Philosophie*, in der die Gespräche auf Hochdeutsch geführt werden, eine der populärsten philosophischen Sendungen im ganzen deutschsprachigen Raum. Auf dem SRF-YouTube-Kanal haben manche Ausgaben der Sendung mehrere Millionen Aufrufe sowie bis zu tausend Kommentare. An diesen sieht man, dass sehr viele Zuschauer aus Deutschland und

Österreich sind – was auch verständlich ist, insgesamt leben dort viel mehr Menschen. Mit Schweizerdeutsch würde die Sendung dieses grosse Publikum ausschliessen.

Die Ausbreitung von Mundart stösst aber nicht nur auf »innere« Grenzen, sondern auch auf einen »äusseren« Widerstand. *Zu viel Schweizerdeutsch wird zu einem nationalen Problem* – so betitelte 2010 die NZZ einen Artikel. Da lief gerade in der Romandie eine heftige und sehr kontroverse Diskussion, ausgelöst vom Genfer Nationalrat Antonio Hodgers, der in den Zeitungen Le Temps und in der NZZ am Sonntag einen Artikel publizierte, in dem er das Erstarken des Schweizerdeutschen als Bedrohung bezeichnete: »Hält dieser Trend an, steuern wir auf ein ernsthaftes Problem mit der nationalen Kohäsion zu«. Für anderssprachige Schweizer stelle Schweizerdeutsch eine Sprachbarriere dar, schrieb der Politiker und forderte deshalb Deutschschweizer dazu auf, vermehrt Standardsprache zu sprechen. Hinter seine Aufforderung stellten sich viele Romands, doch nicht alle. So fragte Le Matin den Politiker, ob er sich denn demnächst darüber ereifern wolle, dass die Bündner Bündnerfleisch essen. Und der Genfer Ex-Nationalrat Charles Poncet schrieb an Antonio Hodgers einen offenen Brief auf Schweizerdeutsch: »Wo zum Tüüfel hesch Du die Schnapsidee här, dass me d'Lüt … sott zwinge, ihri Sproch z'ändere?«

Ein paar Jahre danach reichte Antonio Hodgers Vorstösse im Parlament ein. Diese verlangten für Informations- und Diskussionssendungen des Deutschschweizerischen Radios und Fernsehens vermehrt den Gebrauch der Standardsprache. Auch Bundesräte sollten, sofern sie sich in der Öffentlichkeit an eine grössere Menschengruppe wenden, sich auf Hochdeutsch äussern, so wie das noch vor ein paar Jahrzehnten üblich gewesen war. Diese Initiativen wurden vom Parlament abgelehnt, die zuständige Kommission begründete die Ablehnung so: »Für die Deutschschweizer ist Schweizerdeutsch die eigentliche Muttersprache und nicht Hochdeutsch.«

Das alles ändert nichts an der Tatsache, dass Tessiner und noch mehr die Romands Schweizerdeutsch in der Regel nicht verstehen und viele im Berufs- oder im Privatleben dies als ein Problem empfinden. »Man lernt an den Schulen in der Romandie jahrelang Deutsch, wenn man aber in die Deutschschweiz fährt, versteht man dort kein Wort«, sagte 2023 in einem SRF-Interview die Genfer Linguistik-Professorin Juliane Schröter. Der Anlass für dieses Interview war ein Vorschlag des Waadtländer Kantonsrats David Raedler: In den Westschweizer Schulen sollte Schweizerdeutsch unterrichtet werden.

Die Idee fand Juliane Schröter an sich gut, nur nicht sehr einfach umzusetzen. »Schweizerdeutsch sprechen zu lernen, erscheint mir wenig realistisch«, sagte die Linguistin. Es könnte eher, meinte sie, um passive Kenntnisse, um Verstehen gehen, doch auch das sei nicht unproblematisch. Das liegt nicht nur an den verschiedenen Dialekten und der variablen Schreibweise und der Grammatik. »Bloss mit den jetzigen Deutschstunden an den Schulen ist das wohl schwierig zu machen. Es wäre nötig, das Schweizerdeutsche in freiwilligen Zusatzkursen anzubieten oder die Stundenzahl für den Deutschunterricht generell zu erhöhen.« Ob das je gemacht wird? Ob da eine andere Lösung gefunden wird? Das bleibt offen.

15
Was kommt noch alles?

Es gäbe noch weitere Faktoren, welche die Sprachsituation in der Deutschschweiz in Zukunft beeinflussen könnten – ich könnte deren Liste hier noch lange weiterführen. Doch vollständig wäre sie nie, denn in Zukunft kann – und wird sicher – etwas auf uns zukommen, wofür wir heute nicht einmal die Phantasie haben, es zu ersinnen.

Wer hätte das noch vor 50 Jahren geahnt: all die Computer und Handys, das Internet und die SMS und Chats, geschweige denn, dass sie irgendwelche Folgen für unsere Sprachen haben könnten. Oder, dass sich unsere Welt dermassen globalisieren würde, dass Englisch zur *Lingua franca* avancieren, und dass noch eine weitere internationale, nicht fest kodifizierte, aber für Menschen in der ganzen Welt verständliche Sprache entstehen würde, die der Emojis? Wer hätte noch vor wenigen Jahren damit gerechnet, dass unsere »Dialoge« zum Teil schon nonverbal vonstattengehen würden? So wie wenn man per SMS ein Foto bekommt und darauf mit einem Emoji antwortet. Oder mit mehreren. Ohne Wörter im alten gewohnten Sinn. Die Bedeutung des Wortes »Wort« ist heute auch nicht immer die gleiche wie noch zu meinen Schulzeiten – 2015 erklärte das *Oxford English Dictionary* zum »Wort des Jahres« ein Emoji, nämlich dieses: 😂. Inzwischen bekommen Emojis sogar Rechtskraft: In den letzten Jahren haben mehrere Gerichte in verschiedenen Ländern Urteile gefällt, die das Besiegeln eines Vertrages mit 👍 für rechtens erklärten. Was kommt als Nächstes?

Die Entwicklung der Sprachen ist oft wirklich ein wahres Abenteuer. Was verschiedene Sprachen in ihrer Geschichte, im Laufe der Jahrtausende schon alles durchgemacht haben. Sie entstanden, spalteten sich, die »Splitter« entfernten sich voneinander, generierten Schriftsprachen, verloren sie wieder, manche Sprachen verschwanden gänzlich, die anderen gaben neuen Sprachen Leben, einige von ihnen kamen »an die politische Macht«, wurden »staatlich«, die anderen nicht, und so weiter, und so weiter. Und in diesem Wandel hat alles Mögliche mitgespielt: kriegerische Eroberungen, Revolutionen, die Bildung von selbständigen Staaten, deren Niedergang. Aber auch technische Erfindungen, oder Gründe ganz anderer Natur – soziale, kulturelle, psychologische, oder rein pragmatische, wie die Bequemlichkeit im Gebrauch. Nicht zu vergessen die »selbständigen Aktivitäten« der Sprachen, die immer wieder so etwas wie Lautverschiebungen produzierten. Warum eigentlich? Kein Linguist kann das heute ganz genau erklären. Unterschiedlichste Hypothesen gibt es dazu, man tippt auf verschiedene Auslöser und mögliche Gründe, so wie »die Vereinfachung artikulatorischer Abläufe aus physiologischen Gründen«.

Aus welchen Gründen auch immer fand zwischen dem fünften und siebten Jahrhundert die Zweite oder die Hochdeutsche Lautverschiebung statt, in deren Laufe sich manche Konsonanten änderten: ›p‹ wurde zu ›f‹ oder ›pf‹; ›t‹ zu ›s‹ oder ›ts‹; ›k‹ zu ›ch‹. Diesen Lautwandel machten nur die »hochdeutschen« Sprachvarietäten durch, die in den südlicheren, höher gelegen Gebieten gesprochen wurden – daher kommt ihr Name. Die heutigen alemannischen Dialekte und somit das heutige Schweizerdeutsch gehörten dazu. Die »niederdeutschen« Varietäten vom tiefer gelegenen, flachen Norden machten diesen Lautwandel nicht mit, und so kam es zu Unterschieden: *Perd – Pferd; Water – Wasser; maken – machen.*

Diese Veränderungen von damals haben Bestand bis heute.

Es war in der Geschichte immer so: In der Entwicklung der Sprachen gab es ruhigere Zeiten, in denen die Veränderungen nur langsam verliefen, und dann kamen turbulente Phasen, in denen viel passierte, und deren Folgen manchmal Jahrhunderte lang wirkten. So eine turbulente Phase erleben heute wieder einmal viele Sprachen, allein schon wegen des digitalen Schreibens. Und ganz besonders das Schweizerdeutsche, in dem gerade mehrere neue Tendenzen und Trends zusammenkamen und einiges in Bewegung setzten.

Und wie geht es weiter? Wie wird sich das Ganze einpegeln? Wo wird das Schweizerdeutsche, sagen wir, in 50 Jahren stehen? Oder schon in fünf Jahren? Wo stehe ich dann in puncto Schweizerdeutsch persönlich? Ich habe inzwischen einen rechten Weg zurückgelegt, doch ich gelange auch heute noch immer wieder an neue Stationen. Vor kurzem habe ich zum Beispiel meinen ersten Interferenz-Fehler gemacht (oder den ersten bemerkt): Ich habe per SMS jemandem meinen Standort durchgegeben: »bei der Beckerei« (dabei bin ich neben der Bäckerei »de Beck« gestanden). Oder ich weiss inzwischen, dass ich manche klare Präferenzen bei den Schreibweisen habe. Das Wort »Schweizerdeutsch« für den Titel dieses Buches konnte ich unmöglich *Schwyzertütsch* oder sonst irgendwie schreiben, sondern nur *Schwiizerdütsch*. Warum? Keine Ahnung ... Mit der Aussprache hat es jedenfalls nichts zu tun. Mir scheint, ich mag das rein visuell – aus irgendwelchen für mich nicht ganz eruierbaren rhythmisch-graphisch-ästhetischen Gründen.

Oder was ich noch gerade vor kurzem festgestellt habe: Wenn ich draussen unterwegs bin, lese ich jetzt Mundart-Plakate oder -Tafeln einfach im Vorbeigehen – noch vor ein paar Jahren musste ich immer anhalten und den Text oft regelrecht entziffern. Aber klar, so fliessend kann ich natürlich nur kurze Sachen lesen, bei längeren Texten hätte ich grösste Mühe – ich bin nicht genügend geübt im Mundart-Lesen. Da bin ich aber nicht allein – dass lange Mundarttexte zu lesen problematisch ist, erzählen mir auch viele Deutschschweizer, sogar manche jungen Leute, so wie Felix Haldimann mir das im Interview sagte. In Zusammenhang mit diesem Interview erlebte ich übrigens etwas ganz Besonderes.

Ganz am Anfang, als ich in die Schweiz kam, interessierte mich eine Frage sehr: Wie fühlt sich das an, mit einer sprachlichen Zweispurigkeit im Kopf zu leben? Wie funktioniert das? Wie bewusst switcht man zum Beispiel zwischen den Sprachen? Alles solche Sachen, die ich als eine »Monolingua« physisch nicht nachempfinden konnte. Mit der Zeit konnte ich mir das immer besser vorstellen. So realisierte ich irgendwann, dass ich oft nicht merkte, ob die Deutschschweizer mit mir Mundart oder Hochdeutsch sprachen. Manchmal am Filmset merkte ich nicht, dass mein Interviewpartner aus Versehen plötzlich in eine »falsche« Sprache switchte – es war immer der Tonmann, der aufrief und den Dreh stoppte. Es war etwa so: Je besser das Gespräch lief und je mehr ich auf den Inhalt konzentriert war, desto weniger bewusst nahm ich die Sprache wahr. Wie unbewusst das gehen kann, lernte ich jetzt beim Interview mit Felix.

Ich wollte das aufnehmen und von einem Programm transkribieren lassen. Es gibt inzwischen ein Programm, welches das mündliche Schweizerdeutsch »transkribiert«, das heisst, es übersetzt eigentlich ins Hochdeutsch. Doch ich wollte nicht einen »übersetzten«, sondern einen authentischen Wortlaut für das Buch, deshalb machte ich mit Felix ab, er würde gerade Hochdeutsch sprechen. Und nun machten wir das Interview und Felix erzählte sehr spannende, für mich völlig unbekannte Sachen, zeigte und erklärte mir vieles. Ja, ich nahm das Gespräch auf. Bevor ich das File an das Transkriptionsprogramm schickte, hörte ich zuerst noch kurz rein – *Gopferdeli!* ... Felix sprach die ganze Zeit, eine ganze halbe Stunde lang, Mundart. Dass ich das nicht gemerkt hatte ... Und dann musste ich an das erste Mal denken, als ich mir im Sprachlabor die Tonaufnahmen mit Schweizerdeutschen Dialekten angehört hatte. An diese grossen Spulenbänder in Kartonhüllen, an meinen benebelten Kopf, an meinen Frust damals ... Nun bin ich gespannt, was alles noch kommt. Meine Expedition geht weiter.

GLOSSAR

trümmlig   schwindlig

Gotte   Patin

Ds Lied vo de Bahnhöf   Das Lied von den Bahnhöfen

Füf, fiif, feuf   Schweizerdeutsche Varianten des Wortes »fünf«

weisch wie!   Stell dir vor! Toll!

öbbedie / öppedie / öppediä / eppetie   ab und zu, gelegentlich

ume   Bedeutet so etwas wie »da«, »hier«.

nei!   Nein

Gopferdeli!   Euphemismus des heftigeren Fluchwortes *Gopfertami!*, was »Gott verdamme mich!« bedeutet.

s'isch mer niene rächt!   Je nach Kontext: Es tut mir sehr leid. Mir ist sehr unangenehm, was passiert ist.

Dini Augelaserprofis zmitzt in Züri   Deine Augenlaserprofis mitten in Zürich

bitte vo links aastah   Bitte von links anstehen

Bitte warte, mir platziered Dich   Bitte warten, wir platzieren Dich

FRÜCHT UND GMÜES   Obst und Gemüse

US LIEBI ZU DÄ NATUR Aus Liebe zur Natur
Brings uf d'Strass! Bring es auf die Strasse!
Feriä Ferien
Verreisä Verreisen
Chillä Chillen, Entspannen
Paddlä Paddeln
Gnüüssä Geniessen
Mir händ offä Wir haben geöffnet
Chum ine, sitze ane Komm rein, setz dich hin
Eusii huusgemachte 3-Ohre-Hase Unsere hausgemachten 3-Ohren-Hasen
AM WUCHEÄND LOKALI DJs Am Wochenende lokale DJs
i bi draa Ich bin dran
Liebi Grüess Liebe Grüsse
Bis dänn Bis dann
Heb dr Sorg, bliib gsund / Häb der Sorg, blyb gsund / Hab dr Soorg, blieb gsund Trag Sorge zu Dir, bleib gesund.
herzlig, härzlig Herzlich
Hesh xeh / Hesch gseh Hast du gesehen?
Am Jamie sis Trotti isch afem Pausi vom Schulhuus weg cho ... Falls es öpert findet bitte alüte. Jamies Roller ist auf dem Pausenhof der Schule weggekommen ... Falls ihn jemand findet, bitte anrufen.
Hus Haus

d Wält vo de Dialäkt vo de Dütschschwiiz   Die Welt der Dialekte der Deutschschweiz

Gnusch   Durcheinander, Unordnung

Ville Dank für Ihre Ichauf.   Vielen Dank für Ihren Einkauf.

Uf Wiederluege   Auf Wiedersehen.

Chli stinke muess es   Ein wenig stinken muss es

Zmittag bii eus … Feini warmi Gricht, da häts für jede öppis guets!   Zum Mittagessen bei uns … Feine, warme Gerichte. Da ist für jeden etwas Gutes dabei!

#zämestah   #zusammenstehen

#zämedure   #zusammendurch

#BliibDihei   #Bleibzuhause

Sorry, gäll! Mer gsehnd eus bald wieder!   Sorry, gell! Wir sehen uns bald wieder!

SVP   Die rechtsbürgerliche »Schweizerische Volkspartei«

Röschtigraben   Ausdruck für die Sprachgrenze zwischen den beiden grössten Sprachregionen, dem deutsch- und französischsprachigen Teil der Schweiz. Der Begriff »Röschti« bezeichnet ein Deutschschweizer Kartoffelgericht.

Ich ha das scho gwüsst, bevor ichs gläse ha.   Ich habe das schon gewusst, bevor ich es gelesen habe.

Ich muss no Ticket löse, zum Zug z faare   Ich muss noch ein Ticket lösen, um Zug zu fahren.

Töggelikasten   Tischfussballtisch

Metzg   Metzgerei

Schoggi   Schokolade

pflücktvombaum   Vom Baum gepflückt

mir räuchered selber   Wir räuchern selber

Züri trännt   Zürich trennt

Miär hand offä   Wir haben geöffnet

zum mit nä   Zum Mitnehmen

EASY WÖSCHSACK   Wäschesack, den man leicht zusammenstellen kann.

WIESO CARESCH DU NÖD?   Wieso kümmerts dich nicht?

Kafi macht alles bizz okayer.   Kaffee macht alles ein bisschen okayer.

»*Wo zum Tüüfel hesch Du die Schnapsidee här, dass me d'Lüt ... sott zwinge, ihri Sproch z'ändere?*«   »Wo zum Teufel hast Du die Schnapsidee her, dass man die Leute ... zwingen soll, ihre Sprache zu ändern?«

ZUR AUTORIN

MARINA RUMJANZEWA, 1958 in Moskau geboren und aufgewachsen, absolvierte das Germanistikstudium an der Moskauer Linguistischen Universität. Seit 1990 lebt die Autorin in Zürich und arbeitet für verschiedene Medien, wie die Neue Zürcher Zeitung, das Schweizer Fernsehen SRF, 3sat sowie das Kulturmagazin DU. Sie drehte Dokumentarfilme, unter anderem *Tschechow lieben*, *Die bekannte Unbekannte. Sophie Taeuber Arp* oder *Das Prinzip Dada*.

Im Dörlemann Verlag von Marina Rumjanzewa erschienen: *Auf der Datscha*. Eine kleine Kulturgeschichte und ein Lesebuch.

Dieses Buch wurde klimaneutral gedruckt.

Der Dörlemann Verlag wird vom Bundesamt für Kultur für die Jahre 2021–2024 unterstützt.